Y2.797
E.

IMIRCE.

La Fille
DE LA
Nature.

IMIRCE,
OU
LA FILLE
DE LA
NATURE.

..... Ut nec pes nec caput uni
Reddatur formæ... *Hor*. Art. Poët.

A BERLIN,
Chez l'Imprimeur du Philosophe
de Sans-Souci.

___

M DCC. LXV.

TABLE

Des Articles contenus dans cet Ouvrage.

Épitre Dédicatoire à *Zéphire*.

Mon Education, & celle de ma Cousine *Sophie*; Préface.

Imirce, ou la Fille de la Nature.

Histoire de *Babet*.

Histoire de *Lucrece*.

La Momie de mon Grand-Pere.

Histoire du merveilleux *Dressant*, Bonze de la *Mecque*.

TABLE, &c.

Fin tragique d'*Ephigenie* & du merveilleux *Dreſſant*.

Fin de la Table.

ÉPITRE

ÉPÎTRE DEDICATOIRE A ZÉPHIRE.

J'ÉTAIS sans chausses, sans habits, sans chémises & sans pain, ma chere Zéphire, quand je composai cet ouvrage. Il y avait à Cleves (*) Capitale de la Westphalie un Serrurier Français nommé Jérôme. Il logeait chés son Excellence Madame la Doüairiere Fricau (§) femme pleine d'expérience, qui tenait des lits très mal-sains pour les garçons Ser-

(*) Méchante Ville très mal propre; mais ornée des plus magnifiques dehors.

(§) Madame Fricau était une place qui ne tenait pas longtems l'ennemi. Elle était veuve d'un Trompette, d'un Fifre, d'un Tambour, d'un Chaudronnier & en cinquiemes nôces de Jean Triboulé, Sonneur de la Paroisse de Cleves.

A

Serruriers, Ménuisiers & Cordonniers à cinq liards par tête. Jérôme fut touché de ma misere, il me proposa la moitié de son grabat, s'accomoda avec l'hôtesse pour deux liards de plus, il me procura l'avantage de coucher à ses côtés. Monsieur Jérôme le Serrurier n'était point appétissant ; aux risques de faire beaucoup de tort à mon ame dans l'autre monde & d'être un peu excommunié dans celui-ci, j'aurais préféré la couche délicieuse & les côtés recherchés de Mlle. Hus. (*)

M. JÉRÔME avait le bonheur d'être dans les bonnes graces de Madame Fricau, elle avait jetté un coup d'œil de sacrement sur ce Monsieur, digne d'une Duchesse ; aussi était-il digne de la vieille veuve, qui en sa considération nous avait donné un coin distingué de son grenier. Je n'avais pas un sol pour avoir de la chandelle ; les modiques journées de mon ami ne lui permettaient point de fournir à cette dépense, que faire ? j'imaginai, ma chere Zéphire, ce que tu vas lire.

Mon Hôtesse avoit un gros chat, je fis de la bougie avec le matou. J'arrangeai en consequence une planche sur ma table où par le méchanisme artificiel de deux morceaux de bois,

(*) La plus jolie Vierge du théatre Français ; mais la plus médiocre actrice après la détestable Madame le Kain.

DEDICATOIRE.

bois, je fixai la tête du chat à quatre pouces de mon papier, ses yeux étincellans jettaient une lumiere qui m'éclairait parfaitement.

Le Matou qui n'aimait pas à rendre service, comme les Grands, s'avisa quelques jours après de fermer l'œil. Il fallut encore récourir à ma pauvre imagination. La nécessité est la mere des cinq grosses Fermes, & de l'industrie (*): je fichai à une petite distance du chat un morceau de bois d'où pendait une ficelle, au bout une bale de plomb & quand le Matou s'avisait de fermer les yeux, je lui coignais la bale contre la phisionomie, ce qui lui fit perdre bientôt la mauvaise habitude de fermer l'œil. Avec un peu d'exercice, je vins à bout de stiler si parfaitement le chat qu'il tenait la tête roide & fiere comme un Echevin de Paris qui va en procession faire une neuvaine à Sainte Genevieve pour avoir de la crote.

Ce fut à la luëur de cette nouvelle bougie, ma chere Zéphire, que je composai l'ouvrage

___

(*) Droit singulier, imaginé exprès pour décourager les Artistes qui font à Paris avec quelques onces d'or, un Commerce de tabatieres, d'éventails, de modes & de colifichets, plus considérable & plus certain que celui de nos Colonies. Pourquoi engourdir les bras? taxer les talens? Dimer sur l'habilité & rogner les ailes de l'imagination & de l'industrie?

ge que j'apporte à tes genoux. Je l'aurais sans doute perfectionné, si mon boulanger n'était venu interrompre mes travaux litteraires. Cet homme éffroyable est un vieux mortel, qui ignore absolument le ton de la bonne compagnie, ses phrases sont d'une tournure qui ne décelle point le génie-créateur; c'est un misérable plagiaire qui copie mot pour mot tous les boulangers de l'univers. Il m'apporte tous les trente jours une feuille périodique, que je lis avec autant d'humeur que l'Année Litteraire. Juge, ma chere Zéphire, du ton de ses ouvrages, par la production ci-jointe.

MÉMOIRE

Du Pain fait & fourni à M. Modeste Tranquile Xan-xung par Maitre Honoré Durpetri, Boulanger à la porte de la Haye à Cleves.

Du 1. Avril 1762.

	Liv.	S.	L.
Un Pain d'une Livre pâte ferme -	0 -	2 -	6
Du 3. un Pain d'une Livre mollet -	0 -	4	
Du 7. deux Pains à Caffé -	0 -	4	
Du 10. un Pain de quatre Livres pâte molle -	0 -	9	
Du 15. idem -	0 -	9	
Du 18. un Pain d'une demi-Livre pâte molle -	0 -	2	
Du 20. un Pain de quatre Livres pâte ferme -	0 -	8	
Du 25. un Pain de quatre Livres bis blanc -	0 -	6 -	6
Du 27. un Pain à Caffé -	0 -	2	
Du 30. un Pain de deux Livres -	0 -	5	
	Total 2 -	12 -	0

DÉDICATOIRE.

Qu'il est étonnant, ma chere Zéphire, que les honnêtes gens n'aient point de crédit chés les boulangers! Le premier de Mai M. Durpetri vint me demander de l'argent avec le ton d'un homme qui en voulait: Je dois donner, me dit-il, une garniture de blonde à Mde. Durpetri; dans notre métier, nous sommes comme les procureurs, nous avons de grands travailleurs chés nous, tandis que nous n'y sommes pas, on peut mettre la main à la pâte; Si je ne donne pas une garniture à Madame Durpetri, mon front sera aussi chaud que notre four; il ne faut qu'un moment pour cela, & vous voiés que si ma femme manquait de vertu, je serais accablé d'ennui & couvert de honte, à cause que j'aurais de la vertu tout seul.

Je parlai poliment à M. Durpetri; je n'injurie point mes créanciers, c'est un talent réservé à la Grandeur. Après beaucoup de raisonnemens qui n'aboutissaient à rien, car je n'avais point d'argent, le boulanger frappé de ma misere & de ma stupidité, me dit: à quoi diable vous amusés vous à noircir du papier? j'aimerais mieux barbouiller des roues de carosse; un métier qui ne nourrit pas son homme, ne vaut point le gros son de ma farine; déchirés votre plume, laissés les hommes, ne songés pas à les corriger, la plûpart ont besoin de rester sots, pour se croire heureux dans ce monde & dans l'autre.

CET homme me prenant sans doute pour un Chanoine de Notre Dame, me fit des questions aussi naturelles que celles qu'on pourrait faire aux lâches Soldats du Pape. (*) Mr. me dit il un peu rudement, pourriés vous par hazard remuër le bras? Oui assûrément, lui dis-je! bon, bon, pourriés vous aussi lever le pied à une certaine hauteur? oui je trouve cela encore possible. Eh bien.... allons, levés le bras! haussés le pied! je fis l'un & l'autre; les ames honnêtes ont de la complaisance pour leurs créanciers.

NON content de ces questions, M. Durpetri me fit recommencer & répéter cinq à six fois cet exercice: alors il prit un manche à balai, me fit exécuter toutes les figures d'un homme qui bêche la terre. Satisfait de mes progrès, il me dit: Bravo, suivés moi & je vous donnerai quittance.

MON Boulanger me conduisit dans son jardin, & me montrant la terre, il me dit: voici une bonne mere, elle nourrit tous ses enfans; caressés-la avec cette bêche en remuant simplement vos bras, comme vous avés fait avec le manche du balai; le pain ne vous manquera

(*) J'entends les Militaires à la Solde de Rome.

ra jamais, & de la vie vous ne devrés rien aux boulangers.

Je travaillai huit jours dans le jardin de M. Durpetri, le Samedi il me rendit le mémoire quittancé, & me crachant tout le latin qu'il avait rétenu, il me dit: *Disce puer virtutem, ex me, verumque laborem.*

Cette semaine occupée si utilement, me donna du goût pour le travail. J'admirais la Nature qui avait pourvu si abondamment aux besoins des hommes, en leur fournissant des bras: frappé de cette attention, je me prosternai à terre & je m'écriai: ô Providence féconde, que tu aimes les mortels! comment, je n'ai qu'à remuër les bras & rien ne manquera desormais à ma félicité; je travaillai encore quelques jours chés le boulanger, le hazard me procura la connaissance d'une Dame Française, qui m'offrit vingt arpents d'une terre inculte & une chaumiere délabrée; je courus habiter cette paisible retraite & j'y trouvai ma subsistance. Un libraire d'Amsterdam, qui n'était point de ces durs libraires Hollandais m'envoïa quelque argent pour acheter deux vaches, qui fournirent abondamment à mes besoins. Enchanté de mon nouvel état, jaloux de te faire part de mon bonheur, je t'écrivis ma chere Zéphire; ô doux objet! que l'univers connaisse ton cœur, il sera toujours plus cher à mon ame que ta beauté éclatante.

Te souvient-il, Zéphire, du moment fortuné où nos cœurs s'entr'ouvrirent? une Tante avare & détestable t'appella du fond de la Province à Paris; son infâme avarice te sacrifia dès l'âge de quinze ans à l'inepte passion d'un riche Publicain, ce fermier t'accabla de richesses, de biens & de ses feux impudens: ton cœur qui n'avait connu que l'innocence, gémissait dans ses bras coupables; nous nous trouvâmes par hazard à Versailles, tes yeux rencontrent les miens, une forte sympathie lia nos ames, l'heure d'aimer te rendit sensible, tu me donnas ton cœur, tu reçus le mien; dans les momens délectables que je passais avec toi, je te parlais sans cesse des délices de la vie tranquille; j'osai te la peindre au milieu du faste & es richesses de tes appartemens. Ces images délicieuses pouvaient elles s'imprimer dans ton ame? oui, tu m'aimais, ton goût était le mien & tes désirs long tems avant hâtaient l'instant de jouir de ce sort enchanteur.

Je quittai Paris où le fanatisme me poursuivait; je restai quelque tems chès un peuple dur, indigne des caresses de la Nature, aussi leur a t elle réfusé ses bienfaits; des hommes d'or & de boue, qui ne connaissent d'autres gentillesses que l'intérêt, peuvent-ils lui appartenir? je quittai ce païs barbare; je vins me fixer sur ces bords isolés, où vingt arpens

de

DEDICATOIRE.

de terre, une chaumiere obscure, une bêche, un ruisseau, font tout mon bien: je t'écrivis, ô fille aimable! de venir embellir ce séjour, tu n'y trouveras d'autre trésor que mon cœur, je ne possederai d'autres richesses que le tien; tu baises ma lettre & tu t'arraches à l'instant des bras du Publicain, tu oublies la vie voluptueuse & inutile de la capitale, tu voles dans ce coin heureux de la terre où tu dois trouver ton amant & le bonheur.

À cent pas de ma chaumiere tu m'apperçois couvert d'une grosse étoffe, une bêche à la main, cultivant un champ encore ingrat. Je songeais à toi dans ce moment, je comptais les minuttes qui devaient précéder ta lettre; c'était le lendemain que je devais la recevoir & tu étais déjà arrivée; tu sors subitement de ta voiture & malgré la richesse de tes habits, tu te précipites dans mes bras, tu répands des larmes, ce sont celles de ton cœur, mes levres reconnaissantes les recueillent sur tes belles joues, je te serre tendrement; c'est Zéphire & la félicité que je fixais pour toujours dans mes bras.

Tu entres avec joie dans ma cabane obscure, sa pauvreté ne réfroidit pas tes transports, tu ne cherchais que mon cœur. La simplicité qui te frappe sous ce toit rustique est celle d'une ame qui est à toi: tu vois ma garderobe étalée sur un bâton, une méchante paire de souliers, des chausses délabrées, deux chemises, une vieille perruque, qui dans ses jours naissans n'a jamais bien été qu'à l'air de mes souliers, quelques livres, une plume mal taillée, des bribbes de papier; voila les richesses de ton amant, mais il a ton cœur.

Nous soupons, ô Dieux! c'est avec Zéphire que je soupe, nous élevons nos mains pures au ciel, il nous écoute toujours, puisqu'il nous a réunis; du pain, des fruits, voilà les nôces que ton amant t'apprête; je t'embrasse, nous nous promettons une tendresse éternelle. Le Dieu de la Nature benit nos saints nœuds. je te conduis vers une couche que la candeur habitera desormais avec toi; deux pieds de bois la soutiennent, un sac rempli de feuilles seches est le trône tranquile de nos plaisirs, ta tête répose sur mon sein, tandis que dans un songe enchanteur je cueille les lis & les roses que l'Amour a répandu abondamment sur tes appas.

L'Aurore paraît, elle t'éveille, tu souris de te rétrouver dans mes bras, un songe t'en avait assuré; ton cœur pour la premiere fois est enchanté que tes songes ne soient plus trompeurs: tu te leves, je vais te montrer nos richesses, ce sont deux vaches que je remets à tes soins. Nous partons pour la ville voisine, tu vends tes habits précieux, tu troques les autres contre des vêtemens simples. La ma-

magnificence des premiers cachait tes appas, les derniers te les rendent; as tu befoin d'autre parure que tes charmes? je cultive pour toi d'innocentes fleurs, les vents favorables de Paphos verferont fur leurs calices le baume & l'encens qu'on offre au Dieu qui nous enflamme; que ces bouquets fentiront bons! ils auront l'odeur delectable de ton cœur; douces fleurs! baume de la Nature! que vous ferés heureufes! vous ornerés le fein delicieux de Zéphire, ma main vous arrangera autour de fon corfet; femblables à la robe légere du printems, les Zéphirs vous agiteront, mais fon beau fein ne s'agitera que pour moi.

Tu es deja accoutumée dans ma chaumiere, tu n'as plus de défirs; nous nous poffédons; échapée des bras d'un fultan orgueilleux, tu ne gémis plus fur les couffins d'or de la richeffe, tes doigts qui n'avoient touché que des rofes, ne font point étonnés de preffer les flancs d'une vache pour en extraire le lait; j'en goûterai, cet efpoir a deja payé tes peines.

Tandis que je fuis à défricher mon champ, tu prépares notre nourriture, à neuf heures tu accours, tu fouris, tu vas me revoir. Dans une corbeille de jonc que nos mains ont formée, tu m'apportes du pain & des fruits, tu viens me les offrir comme la récompenfe de mon amour & de mon travail ... affis fous l'ombre du même hêtre, nous mangeons ce pain enfemble, qu'il eft favoureux! c'eft Zéphire qui l'a fait & Zéphire eft à mon côté.

Tu retournes à la maifon, en regardant à chaque inftant derriere toi, tu marches avec lenteur, jufqu'à ce que tu m'ais perdu de vue. Le corps nonchalament appuïé fur ma bêche, mes yeux fuivent tes pas, je te vois encore, je te perds, je te revois, une coline plus haute te montre encore à mes yeux & te dérobe enfin à mes regards; à midi je reverrai Zéphire: cet efpoir ranime mes forces, je reprens mon travail.

Sans le fecours de ces magnifiques babioles qui enrichiffent Julien le Roi (*), je t'appris à connaitre le cours d'un Aftre que tu redoutais à Paris. Dans le court efpace du tems qui s'envole, nous n'avons que deux inftans qui nous intéreffent, le midi & le foir; momens défirés qui doivent me ramener dans tes bras; je t'ai montré que le foleil paraiffait à midi fur le feuil de la porte de notre chaumiere; que le foir fes rayons courbés annonçaient le retour de la nuit, mon travail eft l'aiguille d'un cadran qui trace fur mes fillons le tems où je vais te revoir; j'avance, je découvre notre demeure & je t'ai déja vue,

j'ar-

(*) Fameux Horloger.

DEDICATOIRE.

j'arrive, tes bras font ouverts, Zéphire que nous fommes heureux!

Sur un fimple tréteau tu as pofé la foupe, que tes mains appétiffantes ont apprêtée, nous béniffons le ciel de notre riche médiocrité & de notre amour, le plus grand de fes bienfaits; tes charmes affaifonnent les mets, que tu me préfentes; c'eft pour nous aimer davantage que nous prenons cette falutaire nourriture. Le foleil eft arrivé au pied du tréteau, c'eft le moment qui me rappelle au travail. Je pars, je fuis trifte, mes derniers regards reftent fur toi, je ne puis prononcer qu'à ce foir.

Le Soleil change chaque jour le moment de fon coucher, ton impatience compte les minuttes, tu te trompes toujours, c'eft pour me rejoindre plutôt. Je crois voir fes derniers rayons te ramener à mon champ. De loin j'ai déja vu une ombre defcendre de la coline, je fuis ému, je veux m'appuïer fur ma bêche, pour mieux fixer l'objet, m'affurer fi c'eft toi; tu aproches, je te reconnais, ma bêche tombe, mon travail eft fini, mes bras fatigués s'ouvrent encore; mais c'eft pour les délaffer en les entrelaçant dans les tiens. Je reviens avec toi, nous marchons lentement, pourquoi cette lenteur Zéphire? ne fouperons nous point enfemble? ne ferai-je point toujours avec toi?

Un repas frugal est bientôt pris, nous allons dans le bois, tu chantes, Philomelle qui connaît ta voix, te répond déja, il t'attendait, il sait l'heure où tu viens chanter; rival tendre il t'accompagne non pour embellir la douceur de ta voix, mais pour l'ajouter à la sienne; tu l'as vaincu, il est glorieux; tes chants mélodieux ont enyvré mon ame, le feu de tes accords a remué ma veine, je compose une chanson aussi gaie que ton cœur; l'Écho la répete & les bois rétentissent de mes vers & de nos feux.

Que tu m'intéresses, Zéphire... tu gémis... je tremble... Dieux quelle pâleur se répand sur ton teint! la mort... va-t-elle m'ôter la vie avec tes jours.... la douleur t'arrache des cris, que la douceur de tes humides regards veulent rendre moins sensibles à mon cœur... ciel! je vais perdre Zéphire.... ô Dieu de la Nature ne l'as-tu fait si belle & si constante que pour la montrer un instant à ma flamme.... ô jour heureux! quelle joie ineffable enchante mon ame! tu viens de mettre au monde un tendre fruit de nos amours, c'est ton image, j'y reconnais ces traits que ta beauté a gravés dans mon cœur, je l'embrasse mille fois cette chere fille, c'est ma Zéphire multipliée.... comment tu n'es plus seule dans mon cœur, tu te plais de voir mon ame partagée, tu t'applaudis de ces nou-

veaux

DÉDICATOIRE.

veaux sentimens? Zéphire à ta joie je reconnais une épouse, à tes soins je reconnais une mere.

VOILA chere Zéphire l'histoire de nos cœurs; que la simplicité & l'ardeur de nos jours sereins passent comme les plus longues journées de l'été, pour revenir encore! puissions nous les voir ainsi pendant soixante automnes; après cet âge finir au premier printems, comme Philemon & Baucis.

Ô BONHEUR! ô félicité que j'ai cherchée si longtems, je ne vous dois pas à Jean Jaques, au sage Adisson, au fol de Paschal, ni au frere Croiset de la compagnie de Jesus; c'est à toi seul que je la dois, brutal Durpetri, dont la voix baroque & barbare a servi d'organe à la Nature. O mon Boulanger! ô mes bras que je vous ai d'obligation! ô intelligence, dans laquelle je cherchais mon bonheur, que m'avais tu inspiré? quel bien-être pouvais-tu m'offrir dans l'arrangement bizarre de quelques rimes stériles & ingrates? l'exil, l'emprisonnement & la haine des sots ont couronné mes premiers vers.

CHENILLES de Versailles, Vers-Luisans de Paris, Gros Limaçons de province, aurés vous le génie de jalouser mon bonheur? Vos cœurs, agités par l'intérêt ou la faveur, le cherchent envain dans ces palais somptueux, dans ces spectacles puériles & dans ces cotteries plat-

plattes & tumultueuses; remués vos bras, re-
sinés dans les campagnes; c'est dans le cœur de
ces hommes rustiques que vous trouverés le
bonheur, raprochés vous de la Nature, répon-
dés à ses vœux, remués vos bras & vous
verrés naître, aussitôt le jour de la félicité.

Ô CHERE Zéphire, c'est à tes pieds que
j'apporte cet ouvrage ; je le consacre à tes
charmes & le nom de Zéphire sera pour lui
comme l'éclat naissant d'un beau matin qui annonce une belle journée.

Je suis,

 Chere ZÉPHIRE,

Erdelthal,
près de Berlin,   TON AMI
 ce 1. May
  1765.

   Modeste Tranquile Xang-xung.

MON EDUCATION,

ET CELLE DE MA

Cousine Sophie.

PRÉFACE.

Longtems après le sage Confucius, il parut à la Chine un Philosophe éloquent dont les idées grandes, petites & extraordinaires ne pouvoient entrer dans la tête de personne, ni rester dans la sienne.

Cet homme était Européan ; dès sa brusque jeunesse il s'était fatigué à galo-

galoper après les chevaux qui fortaient de Géneve, plus âgé il s'était noirci l'ame en donnant des leçons de vertu aux belles filles du Valais : enfin après avoir poliffonné longtems dans les montagnes de Savoye, il eut le bonheur d'être parfaitement éduqué, par un Prêtre Irlandais qui avait oublié fon Catéchifme.

Ce Sage s'endormit un jour à l'ombre d'un buiffon. L'Amour-propre marchant à quatre pattes vint lui apporter un miroir ; il fe régarda dans cette glace trompeufe : honteux de fe voir huché fur deux pieds comme fes femblables, il les quitta avec fierté & vint gagner à quatre pattes les bords glacés de la Ruffie.

Il s'arrêta vis-à-vis de la prefqu'Ifle de Kamtzcatka (*). La mifere, le froid

(*) Prefqu'Ifle au Nord de l'Afie, entre le Golfe du même nom & la Mer du Japon, à l'extrémité Orientale de l'Empire Ruffieh & de notre Continent.

froid & la faim allaient moissonner les jours savans du Philosophe, lorsqu'il rencontra un ours blanc. L'animal frappé de l'allure du nouveau Sauvage s'arrêta ; le feu de la vérité qui brûlait sur les joues de cet homme extraordinaire amollit le cœur de la brute, ses yeux cruels s'adoucirent, & l'habitant des neiges vint déposer sa férocité à ses pieds.

Les caresses de l'ours, l'intelligence de ses gestes aussi expressifs que le langage le plus éloquent, furent entendus du Philosophe. Il se mit sur le dos de l'ours & se livra tranquillement à son instinct éclairé. L'animal glorieux de porter Jean Jacques traversa la mer glaciale; tantôt il nageait sur ces eaux froides, tantôt il marchait légérement sur les glaces. Après quelques jours de chemin, ils arriverent dans l'Isle des ours blancs.

Les ours habitans de cette Isle sont avantagés d'un instinct supérieur à la petite

petite raison humaine qui fait des progrès si lents chés les hommes. Ces animaux furent transportés de joie en voïant un homme rendre un hommage aussi vrai à leur allure naturelle. Pour le rendre plus semblable à eux, ils le lécherent si parfaitement que le Philosophe fut le plus élégant quadrupede de l'Isle. Ce fut dans le commerce des ours blancs que Jean Jacques puisa cette grande Philosophie, l'étonnement de l'humanité; ce fut-là qu'en suivant l'éducation des jeunes ours, il prit les premieres connaissances de cette brillante manufacture de pendules à deux pieds, qui devaient produire les Emiles & des hommes.

Le Philosophe jaloux de se rendre extraordinaire, proposa une nouvelle marche aux ours blancs; leur prouva par trois cent soixante & quinze paradoxes la nécessité de marcher à deux pieds. Il y a sous la voûte qui
vous

vous couvre, leur dit-il, des animaux aimables, légers, inconféquens qu'on appelle Français, ils ont parmi eux des Savans, des vieux Seigneurs, des fermiers généraux, qui ne font guères mieux léchés que vous; un peu avant le regne de François premier, ces animaux infiniment petits de tête fe font avifés de fe redreffer fur leurs deux pattes de derriere : cette nouvelle allure leur a donné un peu de confidération dans ce monde & l'avantage d'être impertinens chés l'étranger ; imités ces jolis animaux : les Anglais, les Allemands, les Suiffes & toutes les Nations les copient, copiés les auffi ; vous réuffirés peut-être mieux que toutes les Nations, fi vous pouvés être moins ridicules que toutes les Nations.

Pour engager plutôt les ours à marcher un peu mieux que les Préfidens de Touloufe qui ont facrifié l'innocent Calas, le Philofophe Suiffe leur dit:

dit : j'ai tourné longtems à Paris dans le tourbillon de la bonne compagnie de quelques Citoyens de Génève qui vendaient de mauvaises montres à répétition & de bons pacquets de Faltran, je les régalais quelques fois de Concerts Italiens; en cherchant de la bonne musique sur les Boulevards, j'ai rencontré de vos Freres qui marchaient à deux pieds; il est vrai qu'ils tenaient comme les Suisses les pieds un peu en dedans, mais en revanche ils faisaient la révérence comme les gens du Marais & l'exercice à la Prussienne aussi bien que le Gué à pied de Paris.

Le Siftême du Philosophe ne fut point goûté; les ours blancs accoûtumés depuis la création à marcher tout naturellement à quatre pattes, ne voulurent point changer leur marche. Les lettrés du païs lui dirent : Frere, la Sagesse est une pierre tombée du ciel, en tombant elle s'est brisée en mille

mille piéces ; vous croiés peut-être avoir tous les morceaux de la pierre, vous vous trompés ? pour nous que la Nature a avantagés d'une vue fine & perçante, nous ne voyons au travers de vos paupieres malades que quelques brins de pouſſiere tombés dans vos yeux, l'œil vous en cuit, vous aurés beau le froter, vous ne verrés pas plus clair que les autres dans les profondes ténèbres qui enveloppent ce globe. Plus ſage que les Rabins & les Docteurs, tâchés de faire ſortir cette pouſſiere de votre œil, & ſongés toujours que cette pierre céleſte n'a jamais exiſté en entier ſur la terre & qu'il faut être parfaitement inſenſé pour ſe flâter d'être parfaitement ſage.

Le Philoſophe ſe croïait trop éclairé pour ſe rendre à la logique des ours blancs ; il quitta ſes chers Freres ; le portier de l'Académie le transporta ſur ſon dos dans l'Iſle de Robinſon binfon crufoé, où il bâtit un college pour l'éducation des garçons Menuifiers, des Païfans & des Princes. Ce fut à cette fameufe école que mes Ancêtres furent élevés. Mon Grandpere, mes Oncles, mes Tantes & fur-tout ma Coufine Sophie y avaient puifé abondament les principes de fon inconcévable Philofophie.

Mon grand-pere qui aimait tendrement fes petits fils, fe chargea lui même de mon éducation. Dès que je fortis du fein maternel, il me mit fur la paille, la nuit je piffais dans la paille. Le bon homme était enchanté des progrès de mon éducation, lorsqu'il voïait que j'avais la paille collée au derriere. Cette paille, difait il, doit étouffer dès le berceau les premiers feux de l'amour-propre & mon fils fera un jour un homme, s'il fe fouvient d'avoir été élevé avec la paille au cul.

Mon grand-pere, guerrier comme
un

un marchand d'images n'avoit pas peur des cloportes, des hannetons & des perce-oreilles. Pour me rendre inébranlable à l'aspect des pattes d'araignées, il en apportait par poignées sur mon berceau. Je jouais avec elles, comme le jeune Hercule avec les serpents. Il est essentiel, disait mon précepteur, qu'un enfant n'ait point peur des pattes d'araignées; c'est un défaut d'éducation dans les belles Dames de Paris que leur aversion constante pour les vieillards, les ours & les araignées. Pour seconder les leçons de mon Grand-père, ces insectes venaient ourdir leurs toiles autour des dentelles de mon béguin.

Mon Grand-père était fort laid, l'âge avait encore ajouté à la Nature. Pour m'apprivoiser avec les masques, il m'offrait trente fois le jour sa face monstrueuse. Je me fis insensiblement à la laideur de mon Grand-père, je le trouvai beau comme un Ange. Cet

B   en-

enfant, disait-il, se fait à ma phisionomie, il n'aura point peur des masques, il les trouvera toujours beaux & c'est un agrément de voir toujours de beaux masques. Les masques sont très conséquens à la société, tous les hommes en portent, il est donc essentiel que les enfans se familiarisent de bonne heure avec les masques.

Pour accoûtumer mes yeux au feu de la S. Jean & aux Lanternes obscures de Paris, mon Grand-père battait le briquet à chaque demi-heure devant mon berceau ; & pour me faire au bruit de cette Ville immense, il frappait sur une vieille marmite. Mon fils, disait-il, sera un homme, il traversera les rues de la capitale sans être incomodé du bruit des chaudroniers ; sans la vieille marmite mon éducation était manquée, les chaudroniers, les crieuses de vieux chapeaux & M. le Kain me devenaient insupportables.

Aussitôt que les dents commencè-
rent

ÉDUCATION

rent à me percer, au lieu d'un hochet, mon Précepteur me donna des chiffons de papier, où l'on avait façonné des macarons. Cette précaution était sage; les grelots, les hochets font un tort considérable à la Société; ces instruments sont la cause que la plupart des hommes n'ont plus de dents à quatre vingt dix ans.

Mon Grand-père m'apprit à marcher la nuit & à me casser le nez sans chandelle; il trouvait sur-tout la dernière instruction merveilleuse pour me préparer sans frayeur aux spectacles des Hémorrhoïdes & aux lunes de ma femme: c'est, disait-il encore, la meilleure éducation qu'on puisse donner aux enfans; par-là on leur apprend à se passer de Chirurgiens, des quinze-vingts & de bougies.

Mon Précepteur avait remarqué que mon Cousin Bernard était un poltron. Comme il voulait faire de moi un Richard-sans-peur, il me dit,

dit, (*) mon ami, tu es gourmand, tu aimes prodigieusement les gâteaux! veux-tu gagner un gâteau? va-t'en porter à minuit de la bouillie chaude à ce pendu accroché à l'entrée du Village. Je balançai un peu à cette proposition, & quoique déjà familier avec le masque de mon Grand-père, celui du pendu un peu serré du bas, me paraissait trop effroyable; cependant l'envie de dévorer un gâteau me fit accepter le marché. Tandis qu'on faisait la cuisine du pendu, un domestique avait couru à ce triangle irrégulier & s'était couché sur l'un des angles. Je portai la panade dans un vaisseau au bain-marie, je l'offris toute bouillante au pendu. Le domestique stilé, me dit: chien d'étourdi, tu me brûles la gueule, ta bouillie est bien

---

(*) Ce conte est ici placé, pour faire honneur à l'érudition de mon Grand-père.

bien chaude : quoique je crus que c'était le pendu qui parlait, je n'en fus pas effrayé, j'avais vu le masque de mon Grand-père, je répondis fur le même ton : coquin tu n'as qu'a souffler. Le domestique alors se découvrit, me complimenta sur ma fermeté. Je revins à la maison, mon Grand-père m'embrassa & me dit : cher Emile tu réponds à mes vœux, tu n'auras pas peur des pendus & des araignées, tu feras un homme & ton Cousin Bernard un poltron.

Dévenu plus grand, mon Précepteur m'apprit à peindre sans principes & sans maître ; nous peignions la Nature telle qu'elle s'offrait à nos yeux. Ce que j'attrapais le mieux ; c'est que, quand je trempais mon pinceau dans de l'eau claire, je peignais parfaitement de l'eau claire, les oiseaux s'y trompaient comme aux raisins de ce fameux Peintre de l'antiquité.

A quinze ans on m'endoctrina du

métier

métier de Menuisier; malgré mon application chés Maître Jacques, je n'appris jamais qu'à faire des chevilles; il m'a resté une si forte teinture de cet art, que j'en foure dans la prose, dans la ponctuation & sur-tout dans les Vers.

A vingt trois ans, il fut question de me trouver une femme. Mon Grand-père voulait me donner Mademoiselle Desmarets née Demoiselle, fille du Bourreau d'Etampes, Belle Sœur de Messire Charles Samson, Bourreau de Paris. La Demoiselle était assès jolie. Le bon homme en faisant ce mariage avait ses raisons, il attendait des services de mon futur Beau-père. Depuis soixante & dix ans que mon Grand-père existait, il avait mérité million de fois d'être pendu & cela parcequ'il jouissait tranquillement de cinquante mille livres de revenus; il ne pouvait ignorer sa malheureuse destinée, il avait lu cent

&

& cent fois sa sentence dans son Philosophe. Pour empêcher mon Précepteur de conclure un mariage si sortable, je me sauvai chès un oncle, qui avait aussi été élevé dans les principes de la Philosophie des ours blancs.

En entrant, mon Oncle se plaignit de son fils, qui était depuis deux ans à Paris. Ce monstre, dit-il, dépense dix mille écus par an; c'était précisément à cause que mon Cousin dépensait dix mille écus qu'il était un monstre aux yeux de mon Oncle; oui, disait le bon homme, j'ai demeuré six ans à Paris, je ne coutais que dix-huit cent livres à mon Père. Mon cher Oncle, lui dis-je, comment étiés vous habillé? très bien, c'était ta Grand-mère qui se chargeait de ce soin: vous aviés sans doute un habit de drap uni, la veste & les culottes pareilles? voilà comme les Pères & Mères habillent ordinairement leurs enfans; c'est le premier portemanteau qu'un provincial apporte à Paris. Eh! bien que dira ce crâne, cela n'eft-il pas folide? affûrément cela eft bon pour la durée, mais ce n'eft pas le ton, il faut des habits de goût, des modes, des . . . . avec dix mille écus, dit le bon homme en m'interrompant, on a bien des habits . . . ton Coufin à tort; pas du tout, c'eft vous mon cher Oncle: comment j'ai tort? comment un bec jaune comme toi voudra faire la barbe à un homme de mon âge? tu as beau plaider fa caufe . . . les libertins s'entendent . . . mon fils peut vivre à meilleur compte: certainement il peut vivre dans la rue de la Harpe à l'auberge des Auteurs, occuper un appartement élevé comme ces Meffieurs, faire racommoder vingt fois fes vieux bas, voir la bonne compagnie du port au bled, fe façonner l'efprit avec Manfelle Nanette Dubuc & Jérome de la Grenouillere. . . .

re . . . . ne voïés-vous pas que la dépense que fait mon Cousin lui procure la connaissance du beau monde où il prendra de bonnes & de mauvaises impressions, fera quelques sottises sur le bon ton, sera perfide avec grace, trompera toutes les femmes, se battra avec honneur, dissipera son argent & quand il sera marié il réfléchira sur les égaremens de sa jeunesse, en plaisantera & deviendra sage comme un Français.

Le bon homme n'entendait pas la marche de notre siècle : comment, dit-il avec humeur, mon fils a des maîtresses ? tant mieux, il ne fera pas un sot mariage, les filles entrent aujourd'hui dans l'éducation & dans la police ; il en faut nécessairement dans les grandes Villes & aux jeunes gens pour les déniaiser plutôt. Je n'avais point de maîtresse, répondit froidement mon Oncle, c'est sans doute ce qui a été cause que j'ai épousé ma femme qui m'ennuie furieusement, c'est un fardeau que j'enrage d'être contraint de traîner. Ah mon Oncle, croiés-moi, laissés la liberté à mon Cousin, ne suivés pas les principes de votre Philosophe, la Nature est plus sage que lui, elle parle bien mieux au cœur des Hollandais.

Cette nation sage, qui ne s'est pas encore avisée de faire des traités d'éducation, est si persuadée que la jeunesse a un tems à passer, qu'un Hollandais demande toujours avant de marier sa fille: si le garçon qu'on lui propose a fait des sottises, ou jetté ce qu'on appelle la gourme; parcequ'ils savent qu'il y a un tems dans la jeunesse, où tous les hommes font des sottises. C'est la gourme de l'ame, elle attaque le cœur & l'esprit des jeunes gens comme la teigne & la petite vérole attaquent le corps. Quelques personnes en sont même marquées toute la Vie. Nos Français, par exemple,

qui

qui ont le secours des éducations les meilleures possibles, ne deviennent sages que vers quarante ans, on serait honteux dans notre Nation de l'être avant cet âge. Notre gourme Française est plus douce, mais plus lente à pousser, c'est la petite vérole d'hiver; votre Philosophe n'en garentira point son Emile; son livre est tout au plus le secret de l'inoculation.

J'ALLAI saluer ma Tante, je trouvai ma Cousine Sophie. Cette fille se faisait adorer de tout ceux qui la voyaient: son Père & sa Mère la veillaient si attentivement que personne n'avoit encore osé lui déclarer les sentiments qu'elle inspirait; & le cœur sensible de ma Cousine n'avait fait que soupirer. J'étais le premier homme qui parlait librement à Sophie, je lui dis des douceurs & quoiqu'elle fût la nièce de mon Père, je ne trouvai point d'obstacle à l'aimer.

COMME j'étais persuadé que ma

Cousine ne pouvait être sage qu'après avoir jetté sa gourme, je sentis du goût à hâter son avancement. Après quinze jours de soins, pour nous raprocher encore plus près, nous sautâmes tous deux à pieds joints les dégrès de consanguinité : je couchai avec ma Cousine. Une femme de chambre, qui n'avait pas encore atteint l'âge de l'inftruction, mais qui savait se rendre utile comme les bonnes femmes de chambre, nous couvrit du voile de la difcrétion : depuis trois semaines, je partageais la couche délicieuse de ma Cousine.

Le Diable, qui ne dort jamais, à ce que disent les Capucins, veillait pour notre malheur. Il s'avisa le jour de la Pentecôte d'inspirer à ma Tante l'envie de faire ses dévotions. C'était un usage que ma Cousine devait faire son bonjour, quand la Mère avait envie de faire son bonjour. A quatre heures du matin Madame entra chès sa fille, nous dormions profondément. La vedette, c'est-à-dire, la femme de chambre, nous imitait. Ma Tante fut vivement étonnée de me voir dans les bras de sa fille. La vieille Sorcière ne fit point de bruit, elle descendit doucement & fut conter cette avanture à mon Oncle.

Le Philosophe accourut en chemise dans l'appartement de sa fille; à son aspect ma Cousine s'évanouit. Mon Oncle, armé d'un bâton, me le fit tomber dix à douze fois un peu lourdement sur les épaules. Je sautai sur mon épée, je la tirai; ce brave gentilhomme n'avait jamais vû briller que des lames de couteau; la longueur de l'instrument le fit trembler, il se crut mort, il cria au meurtre. Les domestiques accoururent au bruit. Ma Tante, pour mieux se disposer à la sainteté du jour, vomissait mille horreurs; dans ce moment les préceptes de Jean Jacques furent en confusion : l'humeur, la rage nageaient sur les leçons, les sentences. Les deux Emiles, mâle & femelle, étaient deux démons.

Mon Oncle vint derechef pour frapper sa fille; je parai le coup, je le menaçai, il recula, il fit bien, je l'aurais enfilé, s'il eut touché ma maîtresse; les beaux préceptes de mon éducation ne tenaient pas contre les dangers de Sophie. Hélas pourtant, quelle éducation ! ou plutôt quels fruits ! j'avais déshonoré ma parente & j'allais plonger mon épée dans le sein de son Père.

Mon Oncle, avec les lumières de la nouvelle éducation, était un imprudent de rendre ses domestiques témoins de la honte de sa fille : mais dira-t-on, il n'est point aisé de se posséder dans ces momens ! l'histoire de mon Oncle, sa brutalité arriveraient à tous les Pères & Mères, elles ne doivent pas arriver à Emile, c'est Jacques qui le dit. Con-

Consterné du sort malheureux de Sophie, honteux d'avoir violé les droits de l'hospitalité & du sang, j'étais agité de mille pensées. J'avais fait le mal, je sentais que le bien lui était préférable ; mais le premier était plus aisé, plus joli ; & toutes mes réfléxions se terminaient à ces courtes paroles : pourquoi es-tu jeune ? pourquoi n'avais-tu pas jetté ta gourme ? & pourquoi ta Cousine Sophie était-elle si aimable ?

Je sortis du château, car le bon homme m'avait dit vingt fois de sortir de chès lui, avec cette fureur de répéter ces choses, que possèdent si parfaitement les vieilles gens. Je vins tristement à Paris. Je trouvai mon Cousin à qui je contai naturellement l'avanture. Ce jeune homme, qui vivait dans la bonne compagnie, voulut d'abord m'égorger, nous mîmes l'épée à la main ; en féraillant, la réflexion lui vint, il blâma les vivacités

tés, l'imprudence de son Père, de sa Mère, la sienne & la mienne: tu aimes ma Sœur, me dit il: répare ta sottise, demande la à mon Père, il donne dans les proverbes; il soutient toujours qu'un bon mariage racommode tout. Pour dissiper le noir que cette rencontre avait mis dans notre esprit, nous allâmes voir Arlequin & Mademoiselle. . . . .

J'ÉCRIVIS le lendemain à mon Oncle, j'offris de réparer l'injure que j'avais faite à ma Cousine, je n'eus point de réponse. Quinze jours après j'allai chès mon Grand-père le prier de s'intéresser à mon mariage. Il dînait en grande compagnie; comme enfant de la maison j'entrai sans me faire annoncer. Le bon homme en me voïant se mit à crier: comment malheureux oses-tu paraître à mes yeux? scélérat la terre peut elle te porter! pourquoi la foudre laisse-t-elle respirer un monstre tel que toi!
cette

cette réception rafraîchit un peu l'empressement que j'avais d'embrasser mon Grand-père.

Un jeune homme de la compagnie, plus aimable & plus tendre que les vieilles gens qui étaient à table, car mon Grand-Père n'avait qu'une vieille cour, tâchait de calmer ses fureurs: comment, lui dit il ? qu'a donc fait Monsieur ? est-il si coupable ?... a-t-il assassiné ?.. il aurait-mieux fait de tuer trente vauriens comme lui: hélas, Messieurs ! on l'a trouvé couché avec sa Cousine Sophie cette jeune personne, que vous avés vue ici l'Eté dernier : le monstre a voulu réparer la sottise en la demandant en mariage, mais son Oncle a été plus sage. Pour les punir tous deux, il a donné sa Fille à un vieux Seigneur quelle haïssait, elle est mariée depuis huit jours. Les vieilles gens dirent tant mieux, voilà comme il faut punir les égaremens de la jeunesse.

LA

La vieille & dure moitié de mon Grand-père, plus animée & dix fois plus entêtée que son homme, pour raisonner avec plus d'éclat faisait un carillon horrible : je l'écoutais avec la tranquilité d'un homme, qui entend passer un carosse. Telle est ma pratique, quand j'entens crier ou déraisonner quelqu'un : parce que je suis persuadé que nous sommes dans ce monde pour entendre le bruit des carosses & les déraisonnemens de notre prochain.

Chassé de chès mon Precepteur, j'allai chès une tante, qui savait malheureusement notre histoire. Elle avait une Fille laide & bête, deux qualités excellentes pour conserver les Filles. En me voïant, elle crut que ma cousine était perdüe : vous ne coucherés pas ici, me dit-elle, je sais ce qui est arrivé chès mon Frère. Jeus beau témoigner un repentir sérieux de ma faute, le désespoir d'avoir perdu Sophie & lui faire entrevoir le le mérite de sa Fille, je ne pus la toucher.

Ma Tante me croïant obstiné à rester, envoïa chercher le Curé & la Justice de sa Paroisse. Je fus saisis tout-à-coup par quinze païsans, aux quels il ne me fut pas possible de résister. Le Curé, qui était un dur & parfait Janséniste, exhortait cette canaille, assûrait ma Tante quelle faisait les volontés du Ciel en me maltraitant, qu'il falloit toujours éloigner de sa Fille les occasions prochaines du péché.

Les païsans me conduisirent lié & garotté comme un bandit, qu'on chasse d'un territoire. A une lieue du Village, ils me délièrent & me rendirent mon cheval, je sautai à l'instant dessus, je courus sur eux; je cassai le visage à deux ou trois de ces rustres, les autres se sauvèrent. Ma Tante avec sa belle éducation m'exposait à tuer quelques païsans, ou à me faire tuer & cela à cause qu'un philosophe
avait

avait voyagé dans l'Ifle des ours blancs rêvé dans l'ifle de Robinfon que ma Coufine Sophie était jolie & que je n'avais pas encore jetté ma gourme.

A mon retour à Paris je trouvai une lettre fulminante de mon Père. J'emploïai toute mon éducation pour l'engager à me pardonner un inftant de faibleffe; il ne me répondit point, je hazardai d'aller le trouver. En entrant il prit un bâton, m'en donna rudement, à caufe que ma Coufine Sophie était jolie; il croïait peut-être que fon bâton réparerait la fotife que j'avais faite.

Chassé de la maifon paternelle, je n'avais d'autre azile que chès une jeune Demoifelle, dont j'avais le Cœur. Je fus bien reçu, la Mère confentit à nous rendre heureux; mais au moment qu'elle écrivait à mon Père, elle reçut une lettre de mon Grand-père, qui lui mandait l'avanture de ma Coufine ne Sophie. Le mariage fut rompu, j'eus beau lui dire que ma faibleſſe était une faute digne de mon âge, elle répondit qu'il ne fallait pas faire de faute, que les hommes n'étaient pas nés pour en faire. La fille ſe jetta à ſes genoux, j'en fis autant. La Mère fut inexorable.

ANÉANTI de ces avantures, je maudiſſais le Philoſophe & l'éducation des ours blancs. Hélas diſais-je, Jean-Jacques n'eſt point ſorcier, c'eſt un ſomnanbule, qui en coptant une cloche, croit apprendre les mathématiques aux enfans. Les hommes ont travaillé à l'éducation de leurs ſemblables, les Dieux ont deſcendu ſur la terre pour les rendre meilleurs; les ſages & les Dieux ont-ils réuſſi? les enfans d'aujourd'hui valent mieux que leurs pères, la preuve eſt dans toutes les familles. Je remontai dans la mienne, je trouvai que mon Père valait mieux que mon Grand-père & malgré l'hiſtoire
de

de ma Coufine, je valais mieux qu'eux. Je vis qu'il ferait pl s utile de faire un traité d'éducation pour les Pères & Mères que pour les enfans.

Nos Pères & nos Mères, qui n'ont écouté que leur incontinence pour nous donner l'être, se citent toujours pour exemple ; à les croire, ils ont été fages comme Solon, prudens comme Pithagore ; dans leur jeuneffe ils étaient les types de la chafteté, les modèles de l'obéiffance & les miroirs fans tâche de la vertu. Leurs amis, leurs enfans & leurs domeftiques ne croient point à ces oraifons funèbres.

Ne fachant que devenir, j'allai m'offrir à un Capitaine. C'était un homme de trente cinq ans ; je lui dis que j'avais eu le malheur de coucher avec ma Coufine : était-elle jolie, me dit-il ? oui, Monfieur : voilà un bon malheur, vous êtes heureux dans vos accidens, je voudrais avoir fouvent

de

de pareilles infortunes. Ce malheur, Monsieur, ne m'empêchera-t-il point d'entrer au service ? oh ! pour cela non, nous coucherions avec toutes les Filles d'une garnison que cela ne serait pas le moindre malheur. Le Roi raisonne mieux que les Pères & Mères ; pourvu que vous ayés l'attention de tourner à droite & à gauche quand je vous le dirai ; vous tenir quelques heures sur un rampart sans vous écarter de votre poste ; faire la cuisine de la chambrée à votre tour, car ici, aussitôt qu'on est soldat on est cuisinier ; en reconnaissance de vos soins, le Roi, qui a des sentimens, vous fera présent d'un habit, d'une paire de guêtres, d'un chapeau, de deux sols & demi chaque jour, du pain & de l'eau à discrétion.

J'ai vecu sept ans dans les troupes. Ces sept années me firent plus de bien que l'éducation, que j'avais reçue. Le dernier de mes camarades valait

mieux

mieux que tous les Pères & Mères. Je n'entendais jamais dire : le fermier n'a pas payé, cette vandange m'a bien couté, les Braconniers chassent sur nos terres ; nous avions des Cousines & les Pères & Mères ne s'avisaient point de nous donner des coups de bâton.

Je conclus que le système de l'éducation d'Emile ne pouvait tout au plus faire d'un homme qu'une pendule à deux pieds. Je n'admirai plus les préceptes de Jean-Jacques, que comme les règles de l'horlogerie, appliquées à la Nature humaine & le Philosophe, de l'isle des ours blancs ne fut plus à mes yeux qu'un animal curieux comme le Rhinocéros. Je compris que pour donner une bonne éducation aux enfans, il fallait les mettre au service dès l'âge de dix ans jusqu'à vingt. L'état par ce sistême aurait autant de soldats que d'hommes & la société autant d'Emiles.

Il

Il n'y a point d'endroit où la Religion s'oublie plus aifément que dans les cafernes & dans le cloîtres. Les Soldats ne penfent que légérement à Dieu. La plupart des moines accoûtumés aux rubriques de leurs heures, croient avoir tout fait pour le ciel, lors qu'ils ont braillé dans un chœur & fait le même bruit que les orgues de leur églife.

La Vérité & la Religion n'étaient plus dans mon efprit, leurs flammes brûlaient encore dans mon cœur; à la fortie des troupes je fis de férieufes réflexions fur les principes de la Religion naturelle de Jean Jacques: tout ce que fon prêtre Savoyard nous prêche, difais-je en moi-même, a été dit par Bayle & répété par les Anglais; rien de nouveau ni de furprénant dans cette Philofophie pour les gens qui lifent, & fi le fauvage de l'ifle des ours blancs a paru divin dans ce morceau, il doit fon a-

po-

pothéofe à l'ignorance & aux gens qui n'ont pas le fens commun.

Sans l'appareil des Mandemens qui ne font qu'irriter les Auteurs, je crois que le défordre des réflexions d'un Soldat fuffira pour perfuader au dur Père d'Emile, que fon fiftême ne peut porter dans l'ame cette fécurité que doit chercher l'Homme raifonnable: j'entre en matière.

La recherche de la Vérité eft le grand objèt de l'Homme; notre intelligence cherche fon bonheur dans la contemplation de cette vérité ; plus l'homme raifonnable la cherche, plus il approche de la félicité.

Le Créateur, qui a plus d'amour pour fes Créatures à proportion de ce qu'il les a créées plus parfaites, donne l'exiftence & l'action aux intelligences, les béatifie plus ou moins, à proportion qu'il leur a donné plus ou moins d'exiftence ou d'activité.

L'Homme eft compofé d'un corps
ma-

matériel & d'une intelligence qui paraissent l'inspirer tour à tour. L'un est le plaisir des sens, l'autre est la Vérité ; quand l'homme donne l'essor à ses facultés, son ame alors prend le dessus & son corps semble anéanti sans existence & sans fonctions ; mais quand l'homme, matérialisé par les sensations, oublie la recherche de la Vérité ; c'est son ame alors qui semble anéantie & sans activité. La raison rend ces deux états sensibles dans l'homme ; il n'est personne un peu attentif sur soi-même, qui n'ait éprouvé cette supériorité en suivant son intelligence, & cette infériorité en n'écoutant que ses sensations.

DIEU, qui de toute éternité comprend les idées de tous les êtres possibles, a donné librement, dans le tems établi par l'ordre de sa sagesse, l'existence à quelques êtres ; il leur a donné autant de perfections que leur Nature bornée pouvait en recevoir, il a pu donner à quelques créatures l'intelligence & la liberté de faire volontairement quelque bien & il a fait à toutes ſes créatures un don infini en leur donnant l'exiſtence ; quoiqu'en les laiſſant dans une diſtance infinie de lui-même.

L'Idée, que j'ai de la toute puiſſance & des perfections de Dieu, m'oblige à croire qu'il a donné à toutes ſes créatures toutes les perfections dont leur nature eſt ſuſceptible; il n'a pu les créer infiniment parfaites, leur nature étant d'être bornées & accidentelles; il n'a pu les créer auſſi libres que lui, il aurait fait des Dieux ſemblables à lui: il les a créées parfaites dans leur genre, il leur a donné tous les genres de perfections dont elles étaient capables; il n'a donc pas créé l'homme tel qu'il eſt aujourd'hui, puiſque nous avons l'idée d'une nature plus parfaite, qui nous eſt plus propre que celle où nous ſommes aujourd'hui.

IL

Il est évident qu'une intelligence, qui a le pouvoir d'agir sur la matière & sur laquelle la matière a réciproquement le pouvoir d'agir, constitue notre nature ; il est conséquent que notre nature sera plus parfaite, si c'est l'intelligence qui domine & qui agit en supériorité, & si notre intelligence ne cede à la matière que lors que l'organisation & l'économie de la machine l'exigent. Voilà l'accord parfait & il faut conclure que c'est l'état naturel où Dieu créa l'homme. Car n'est-il pas plus raisonnable de penser que Dieu a donné à l'homme l'intelligence pour réduire les sensations de son corps que de penser qu'il ait donné le corps à l'homme pour affaiblir les fonctions de son intelligence.

L'Homme est donc sorti des mains de son créateur dans l'état de perfection, dont la nature humaine est susceptible; dire le contraire, c'est rejetter l'idée d'un Dieu infiniment bon & parfait.

IL est évident que l'intelligence du premier homme en sortant des mains du Créateur fut occupée à la recherche & la contemplation de la Vérité, & dans la pratique actuelle du bien; il est même assûré que cette intelligence n'ayant point été affaiblie par les sensations à dû saisir des Vérités ou des rayons de Vérité en plus grand nombre & les voir plus clairement, que ne peut faire une intelligence que les sensations ont occupée & affaiblie. Conséquemment le premier homme dès l'instant de sa création fut dans l'état de la plus grande perfection & du plus grand bonheur, dont la nature de l'homme fut capable.

L'HOMME d'aujourd'hui n'est plus dans cet état primitif; avide des plaisirs momentanés, que procurent les sensations de son corps, on s'apperçoit que son intelligence est affaiblie; qu'il n'a plus cette pratique au bien. Son péché actuel décèle un péché d'origine, ne, la maladie prouve la santé; de plus, je vois des hommes défectueux, je remonte au premier & la raison m'oblige de croire que ce premier homme a du être parfait. L'homme est donc dégradé en sortant de ce premier état & son intelligence cédant à la matière plus que l'organisation & l'économie du tout l'exigeaient, a perdu par là la supériorité quelle avait naturellement.

Notre être a donc besoin de réparation pour être remis dans l'état qui lui était naturel, ou bien il perdra de plus en plus de cet état de perfection, en s'en éloignant, jusqu'a devenir aussi imparfait que son être peut le devenir; c'est être assuré de perdre de plus en plus que d'avoir déjà perdu l'habitude au bien & la domination sus ses sensations.

Si Dieu avait anéanti l'homme au moment qu'il donna à ses sensations la supériorité sur son intelligence &

que

que Dieu eut fait en après un autre homme également parfait au premier, Dieu aurait fait un ouvrage inutile ; c'eſt un prédicateur qui compoſe un bon Sermon, l'efface pour en faire encore un bon ; en répétant le miracle de la création, Adam ou Pierre ſecond n'aurait il pas agi comme Adam ou Pierre I?

Dieu, qui n'a jamais voulu faire rien d'inutile & qui a vu l'abus que l'homme ferait du miracle de ſa création en dévenant défectueux, quoique ſorti parfait de ſes mains, devait opérer, pour remettre les choſes ſur le même pied, un miracle de réparation ſupérieur à celui de la création même ; au moyen duquel, l'homme qui en profitera ſera neceſſairement élevé à un état de perfection, plus élevé encore que celui de ſa primitive perfection, dont il ne déchoiera jamais : l'Homme au contraire qui abuſera du miracle de la réparation retomtombera dans un état d'imperfection plus bas que celui où il s'est trouvé dans son premier désordre, dont il ne se relevera jamais.

La raison nous fait toucher au doigt le besoin du miracle dela réparation. L'homme sorti parfait des mains de Dieu tombe, par son propre poid, de cet état de perfection; qui pourra après sa chute le remettre dans ce premier état ? fera-t-il de lui-même un miracle plus grand que celui de sa création ? il est défectueux & dans l'impuissance d'être lui-même son réparateur. Sa nature pour remonter à son état de perfection à besoin d'un mérite infini, il manque à l'homme.

C'étoit donc de l'Auteur seul du miracle de la Création que l'homme devait attendre celui de la réparation; il fallait opérer ce second miracle par une voie, que la nature dela dégradation exigeait. L'homme ayant besoin d'un mérite infini. il fallait donc qu'un être, supérieur à l'homme, s'unit au plus parfait des hommes & ne fit qu'un tout avec cet homme, & par la perfection de ce tout, donner à la nature humaine, à laquelle il était uni, un mérite infini dont elle avait naturellement besoin pour sa réparation.

Les seules lumières naturelles font envisager ce miracle, non seulement comme possible, mais comme nécessaire. Le miracle de la réparation a-t-il été accompli ? Écoutons : un homme a paru sur la terre, il fut le plus juste, le plus saint & le meilleur de tous les hommes ; lui seul a rempli l'être & l'état parfait de l'homme & toutes les vues que le Créateur avoit eues dans le miracle de la création : il a uni à toutes les perfections des vertus, la morale la plus sainte & l'unique propre à l'homme. C'est le seul de tous les hommes qui nous à fait sentir vivement l'état déchu de la nature & la nécessité absolue d'une médiation. Son culte

culte est l'unique digne de l'Etre suprême; il est fondé sur l'humilité, culte convenable à des hommes dégradés, à des Créatures subordonnées à leur Créateur; il a Couronné la Vérité de sa Doctrine & de sa morale, en mourant pour la vérité; & si Caton assûre, que c'est la plus grande de toutes les perfections que de mourir pour la Vérité, quelle grandeur ne doit-on pas concevoir du légiflateur des chrétiens?

Comment l'homme a-t-il manqué? pourquoi l'homme a-t-il manqué? ces deux questions sont clairement appliquées dans mon sistême. Je ne le donne pas au public dans la crainte d'ôter un Canonicat de Notre-Dame à Mr. l'Abbé Yvon; il ne faut point enlever le pain de ses Camarades. L'Eglise a de riches bénéficiers, qu'elle paie grassement pour deffendre ses intérêts, il faut leur laisser ce soin. Si l'Eglise me donnoit un peu de son bien,

je

je travaillerais pour elle; mais le faire pour rien, je ne dois point être plus généreux que le Curé de ma Paroisse.

En entrant dans cet ouvrage, le lecteur fera obligé de paffer, fous un berceau un peu fombre; le plan ou l'expofition du fujèt n'a point permis à la gaieté de ma plume de l'orner de fleurs; en lifant on fentira la néceffité où j'ai été d'être un peu férieux malgré moi. La matière s'égayera à mefure qu'on avancera vers le plus ux de la rivière. Je n'ai que faire d'avertir que cette production porte encore le fceau des imperfections de mes ouvrages. La faim m'oblige d'aller vite.

IMIRCE
ou
LA FILLE
DE LA NATURE.

E suis née en France, je ne sais dans quelle Province, je n'ai connu ni Père, ni Mère; mon enfance a duré vingt deux ans: jusqu'à cet âge, je n'ai vû, ni le Ciel, ni la Terre. Un riche Philosophe m'acheta dès les premiers jours de ma naissance, me fit élever dans une cave à sa Campagne, avec un Garçon du même âge. On nous avait bandé les yeux avec une machine de cuire, artiſtement ajuſtée: dans cet état on nous apprit à chercher notre pain vers un panier, qui deſcendait de la Voûte, & notre boiſſon vers un grand baſſin, qu'on renouvellait trois fois le jour par un méchaniſme, qui nous était inconnu. Lorsqu'on nous vit capables de nous aider, on mêla un arcane à l'eau, qui nous endormit profondément.

PENDANT ce ſommeil, on nous ôta le bandeau; à notre reveil nous vîmes la lumière. Notre priſon était éclairée par deux lucarnes, elles donnoient un jour aſſés grand pour diſtinguer nettement les objets. Cette cave était de pierre, cerclée de fer, & le pavé de même.

LE plaiſir de ce nouvel organe m'affecta gracieuſement; il fit le même effet ſur mon Compagnon. La faim nous éguillonna, nous cherchions en tâtant celui qui nous conduiſait au panier, dont la grandeur nous avait toujours paru diſproportionnée à la nôtre. Nous commencions déjà à crier lorsqu'un panier deſcendit de la Voûte. Cet objèt nous fit peur, nous reculâmes vers les extrémités

mités de la cave. La faim continuant à nous preſſer, le Garçon plus hardi s'approcha du panier, prit un morceau de pain, m'appella avec tranſport ; je courus au panier ; pendant notre faim nous avions découvert l'Eau.

LE lendemain le panier vint à la même heure ; nous ſautâmes deſſus avec l'avidité des Poules, qui dévorent précipitament le menu-grain, qu'une Servante de baſſecour leur apporte. Notre enfance ſe paſſa à ſauter, à courir, à prendre mille attitudes ; nous avions de la joye : l'inſtant où elle était plus ſenſible était le moment du panier. Nous nous entendions déja, nous avions peu de mots, auſſi avions-nous peu d'idées. Nos paroles ſortaient du goſier & nos termes tenaient aſſès du cri diſgracieux de certains animaux.

LE Garçon, que j'appellais *Emilor*, qui veut dire *la force & la joye de mon Etre*, couchait à mes côtés ; il ne me quittait pas ; ma gorge avait cru ſous ſes yeux. Cet objet le captivait, il la careſſait ſans ceſſe : je me fâchais quelquefois, ſes grands ongles me bleſſaient : *Emilor* apprit inſenſiblement à

la

la toucher moins rudement; j'en fus aise.

Mon Compagnon m'accablait d'amitié; les objèts destinés à nos plaisirs étaient ceux qui nous intéressaient d'avantage. Nous ne cessions de nous toucher, de nous examiner; nos cœurs purs comme le jour & nos mains innocentes ne trouvaient point déshonnêtes ces caresses naturelles. Semblables aux Enfans des Peuples policés, dont les préjugés n'ont pas encore altéré la tranquille Candeur, on les voit entre-eux jouër à *la Mère*, se donner le fouët, parcourir avec émotion les lieux les plus secrets de leur Corps. Cet Instinct, chès les Enfans, est sans doute celui de la Nature: c'était le nôtre (*).

Je

(*) La plûpart des Lecteurs avoueront, s'ils sont sincères, d'avoir fait ces petites Polissonneries dans leur enfance. M. l'Evêque de ***, me dit un jour: j'ai joué à ces Jeux innocens avec des petites Filles de mon âge, elles me faisaient des *si*, des *pourquoi* sur des petites misères que la Nature n'avait pas encore honorées de ses regards. Je me rappelle d'avoir répondu à une de ces petites Curieuses: *ma bonne Amie, cette légère différence est précisément la raison pour-*

Je donnais du trouble à *Emilor & Emilor* me donnait de l'inquiétude. Il manquait quelque chose à notre bonheur; je devenais pâle, mon Amant était triste, nous étions tourmentés, nous cherchions du soulagement. Une nuit il s'approcha plus de moi, nous nous accouplâmes sans le savoir. La douleur légère de cette opération fut payée par une ivresse délectable : mon Amant me devint plus cher & je sentis que le plaisir était préférable au pain, au panier & au Maître de la cave.

Je devins grosse. Les douleurs de l'Enfantement ne furent pas violentes. *Emilor* parut sensible à mon état. J'accouchai d'un Garçon. L'apparition de cette petite créature nous surprit, nous sentîmes un vif attachement pour elle. Elle

---

pourquoi je t'aime mieux que ton Frère le Poupon : mon Cher, répondit la jeune Demoiselle, *j'aime aussi cette différence.* Ces jeux périles paraissent être dans la Nature. La Pudeur est une Vertu d'éducation. Un Enfant montre-t-il son derrière ? on lui dit, *petit Coquin, cache ton Cul !* l'Enfant le cache : le montre-t-il encore ? on le fouëtte & à coups de martinet, on lui entasse la Pudeur par derrière.

Elle ne tarda pas à chercher mon sein. J'étais couchée, la tête de mon Enfant reposait sur ma gorge, comme sur un coussin doux. *Emilor* venait regarder à chaque instant ce fruit de nos plaisirs : il paraissait content de le voir fait comme lui & par mille baisers il m'en témoignait sa reconnaissance.

DÉVENUE Mère, mes occupations étaient le soin de mon Enfant: la nuit quand il pleurait, son Père le portait doucement à mon sein : il partageait avec moi les travaux de son enfance. Nous étions heureux, nous comptions toujours l'être. Un matin je m'apperçus que l'Enfant était sans mouvement, nous jettâmes des cris horribles, nous ne savions pas encore ce que c'était que la Mort; nous mîmes cet Innocent entre nous deux pour le rechauffer & le rappeller à la Vie. Quelques jours après, l'infection nous obligea de l'écarter; la puänteur augmentant nous l'éloignâmes encore & ne pouvant plus soutenir l'infection du cadâvre, nous le mîmes où étaient nos immondices. Chaque jour nous allions voir ce que dévenait cet Enfant. Une multitude d'Etres sortis de son Corps, nous surprirent;

prirent; quelque tems après nous ne vîmes plus que les os. Cet événement nous donna de l'inquiétude; nous ne pouvions comprendre pourquoi l'Enfant était dans cet état, pourquoi il avait passé si subitement de la Vie à la Mort, que nous appellions la Puänteur.

La connoissance de la Mort altéra notre joye : un secrèt pressentiment semblait nous annoncer le même malheur. Nous commencions à nous communiquer nos idées, nous nous demandions depuis lontems qui avait fait la cave ? pourquoi on avait fait la cave ? nous ne pouvions comprendre comment on avait pu la faire avec rien. L'idée que nous attachions à ce mot, était que nous n'avions pas dequoi en faire une pareille. Tantôt nous nous demandions, d'où venons-nous ? que sommes nous ? que faisons-nous ? où irons-nous ? ces questions nous confondaient la tête.

Mon Mari, plus éclairé, me disait : cette cave ne s'est pas faite d'elle-même; un *Emilor* plus intelligent que nous l'a arrangée; c'est sans doute celui qui fait descendre le panier. Ce que nous appellons *Rien*, est peut-être quelque chose

chose connue à lui seul. S'il ne se montre pas à nous, c'est qu'il n'a que faire de se montrer, nous le connoissons assès par sa cave, son panier & son pain. Ne nous creusons donc pas la tête à chercher ce qu'il veut que nous ignorions, nous ne pouvons pas faire une cave comme lui, vivons dans la sienne, caressons-nous & mangeons son pain.

La Mort ou la puänteur embarassait mon Epoux, la conduite du Maître l'étonnait. Cette puänteur, disoit-il toujours, gâte sa cave. Comme nous jouissions d'un peu de clarté, nous avions donné au Jour, le nom de l'œil du Maître, à la Nuit l'œil de la puänteur. Quand la dernière venait enfévelir notre prison, nous nous couchions pour signifier, que la puänteur voulait que nous fussions dans l'attitude où elle nous mettait lorsqu'elle nous attaquait; quand le Jour paraissait nous nous tenions debout pour montrer que l'œil du Maître voulait nous regarder. Mon Epoux avait observé l'inégalité des Jours & des Nuits; elle lui fit croire que la puänteur & le Maître du panier s'étoient arrangés pour faire les Jours plus jourts ou plus longs.

Un

Un matin nous trouvâmes une Rose dans le panier, nous fûmes saisis d'admiration à ce colifichet de la Nature. La bonne odeur de la Rose nous fit croire quelle n'était pas un ouvrage de la puänteur; nous la plaçâmes avec vénération vis-à-vis de nous, nous mîmes ventre à terre pour savourer son baûme délicieux. Deux heures après la Rose se fana, nous crûmes que la puänteur l'attaquait. Mon Epoux me dit alors; tout ce que fait le Maître du panier n'est pas bon, puis que la puänteur gâte tout; il paraît qu'elle a plus de pouvoir que lui; il fait les choses, elle les détruit; il y a sans doute deux Maîtres de la cave, l'un fait le pain, l'autre la puänteur.

Le Philosophe ou le Propriétaire de la Cave, que j'appellerai *Ariste*, observait par une lucarne ce que nous faisions. L'aventure de la Rose l'avait étonné, il nous envoya un Peroquèt. La beauté de l'oiseau nous ravit; nous crûme qu'il était le Maître de la cave, nous courûmes à lui; l'oiseau eut peur; il voltigea, ce mouvement inconnu nous remplit de respect pour lui; mais *Emilor* le voyant manger au panier me dit: cet Etre n'est pas

pas le maître de la cave, il a peur de la puänteur, il mange pour s'en préserver. Le peroquèt chanta un couplèt, il me parut joli auſſitôt que je fus le Français. Voici les paroles.

Heureuſe mille fois, Heureuſe l'inconſtance!
  Le plus parfait Amour
  Eſt celui qui commence,
  Et finit dans un jour.

Ariſte nous envoya un miroir, l'éclat de cette glace nous remplit d'admiration & de frayeur. *Emilor* s'avança ; ſurpris de voir ſa figure doublée, il parut un moment embaraſſé; il m'appella, je vis ma phiſionomie grouppée avec la ſienne ; ces deux objets réunis n'étonnèrent plus mon Epoux. Je laiſſai tomber le miroir, il ſe briſa en vingt pièces, *Emilor* en ramaſſa un morceau, grata le vif-argent avec l'ongle, le miroir n'eut plus d'effèt ; il me dit alors. Le Maître du panier fait de grandes choſes avec rien.

Je conſervai précieuſement quelques pièces du miroir ; ils devinrent bientôt un tréſor pour moi. Cent fois le jour, je m'examinais dans les morceaux de cette te glace, je souriais à ma figure, je m'applaudissais d'être jolie   Les jours que je trouvais mon teint bâtu, je m'enfonçais dans la cave, je ne voulais point paraître au grand jour, j'affectais des migraines, j'avais déjà le bon ton des femmes de condition: je n'en avais pas les termes, j'étais encore trop provinciale.

Il nous vint un Singe. Cet animal, si semblable à l'Homme, nous fit naître mille refléxions, nous le trouvâmes moins parfait que nous; ce qui persuada a mon ami qu'il y avait deux maîtres de la cave. Celui qui a fait ce laid homme, disait-il, n'est pas si parfait que celui qui nous a formés. Quelques jours après le singe remonta avec le panier.

Ce départ donna envie à mon Epoux de nous mettre aussi dans le panier: allons voir me dit-il le maître de la cave; il est bon, il nous fera du bien, je serai aise de voir un être qui nous donne une si bonne chose que le pain & un objet aussi délicieux que toi. *Ariste* nous avait vus dans le panier, il comprit notre dessein, il nous fit élever à dix pieds de terre & jouer à l'ouverture un Artifice. L'éclat du feu nous fit trembler; quelques

Ser-

Serpenteaux vinrent au tour de nous & terminèrent leur jeu par un bruit que la peur nous rendit encore plus effrayant. Le panier defcendit fubitement & nous en fortimes tout étourdis. O cher ami! dis-je à mon Epoux; le Maître connait tout, voit tout, entend tout, il a compris notre deffein témeraire. La nature du feu que nous ne connoiffions pas, le bruit de l'Artifice nous avaient tellement épouvantés, que nous crûmes avoir offenfé le maître de la cave.

Le lendemain le panier ne defcendit point, nous jettâmes des cris horribles. Hélas! difais-je à mon Epoux, cet être fi bon qui ma donné ton cœur, nous punit fans doute en nous privant du pain qui entretient notre exiftence & nos plaifirs; la puänteur va nous réduire en pouffière comme elle a fait de notre enfant; mourons enfemble mon cher *Emilor*, l'efpoir de voir mes os mêlés avec les tiens flâte encore mon ame.

Je me jettai dans les bras d'*Emilor*: étroitement ferrée fur fon fein, j'attendais la puänteur fous la craindre. Le panier reparût le lendemain: ce fpectacle nous rendit la joie.

J'ÉTAIS

J'étais depuis vingt deux ans dans cette Prison, j'avais eu trois Enfans; le premier était mort, on avait enlevé les deux autres, dix à douze mois après leur naissance. *Ariste* s'apperçût que j'étais jolie, me soupçonna de l'esprit, conçût de l'Amour pour moi & me tira de sa Cave. Un Soir qu'il nous avait endormis avec son arcane, on m'enleva des bras d'*Emilor*, on me transporta dans une Chambre d'où *Ariste* pouvait me voir, je m'éveillai, surprise d'être dans un endroit plus éclairé, triste de ne pas voir mon Epoux: je le cherchais, je l'appellai en jettant des cris horribles. Une Simphonie mélodieuse se fit entendre, ces sons calmèrent un peu ma tristesse. Un instant après j'entendis du bruit, la nouvelle Cave s'ouvrit en deux, je vis paraître *Ariste*, la tête couverte d'un Chapeau orné de grandes plumes rouges, une Jupe comme les Américains lui tombait sur les Genoux; il tenait un Pain à la main, je fuis à son aspect, il me fit signe de prendre son Pain. Quoique cet Homme eut cinquante ans; un air d'embonpoint, beaucoup de fraîcheur le rendoient agréable. Je me hazardai de prendre son Pain & aussi-tôt je me cachai sous le Lit. *Ariste* se retira, je sortis d'où j'étais réfugiée, je cherchai partout, j'examinai où la nouvelle Cave s'était ouverte; ne voiant rien, je crus qu'*Ariste* était le Maître du Panier. Me rappellant alors les idées qu'*Emilor* avait de sa bonté, flâtée du doux espoir d'être garantie de la Puànteur, je sentis naître ma confiance. Deux heures après il reparût, je dansai autour de lui. Ces marques de joye lui firent plaisir, il me donna une Pomme, en mangea une, je l'imitai, je trouvai ce fruit délicieux.

LA figure d'*Ariste* semblable à celle de mon Epoux, les plumes de son Chapeau, pareilles à celles du Pèroquet, diminuèrent un peu mon admiration; je l'abordai avec plus de liberté & croyant lui rendre hommage, je chantai le couplet du Peroquet. *Ariste* touché de la douceur de ma voix, vint m'embrasser: j'étais nuë, il baisait mon Sein avec transport, m'accablait de caresses. Je regardai sous ses voiles s'il avait la même chose avec la quelle mon Amant me faisait tant de plaisir; il comprit mon Idée & il m'énivra des douceurs de l'Amour. La nouveauveauté, le changement, qui plaisent aux Femmes, me rendirent le plaisir plus piquant & dès le moment le pauvre *Emilor* fut oublié.

Les soins de mon nouvel Amant, l'intelligence que la Nature m'avait donnée, l'application continuëlle me rendirent capable, au bout de quelques mois, d'entendre le français, de le parler & l'écrire. Le Philosophe enrichissait mon Esprit de mille connaissances; il m'avait fait habiller; la Parure donnait un éclat à ma beauté qui me flâtait; & le désir de plaire me fit bientôt à l'usage des vétemens, que j'avais trouvé insuportable.

Satisfait de mes progrès rapides, *Ariste* se prépara à me donner le spectacle de la Nature; il me fit passer la veille dans un Appartement, disposé au dessein qu'il avait de me surprendre agréablement. Le lendemain il m'éveilla à la pointe du jour, me fit placer dans un fauteuil, donna un signal, à l'instant deux grandes portes s'ouvrirent, je fus frappée de l'éclat de la plus belle Aurore. Oh! m'écriai-je avec transport, cher *Ariste*, quelle belle Cave! les Oiseaux, la Verdure, le point de Vue étoient admir..oles. Je ne jouïs pas longtems de ces beautés raviſſantes, mon Amant regarda à ſa Montre, frappa du pied; dans le moment les Parois de la Chambre ſe replièrent, je ne vis plus rien, je fus conſternée; je demandai au Philoſophe, ſi cette belle Cave était à lui? non, me dit-il, je fis mille queſtions; il promit de me faire jouïr pour toujours des Objets que j'avais vûs; qu'il fallait avant accoutumer mes yeux à la lumière d'un Aſtre, dont l'éclat m'éblouirait. *Ariſte* était ſage, il m'aimait, je m'abandonnai à ſa prudence.

Le jour deſtiné à voir le Soleil, *Ariſte* m'éveilla avant l'Aurore. Nous entrâmes dans un Jardin rempli de fleurs, ce Peuple innocent humectait ſes charmes dans les Pleurs féconde & brillantes, qui tomboient du Ciel: tout ce qui m'environnait me cauſait un étonnement extrême. Des allées d'Arbres, dont les branches me paraiſſaient ſuſpendues dans l'Air, l'aſpect de l'Horizon le plus brillant, la magnificence de la belle Cave & toute la pompe de la Création, rempliſſaient mon Ame d'un reſpect mêlé d'admiration & de crainte: mais quelle fut

fut ma surprise. quand je vis paraître le Soleil! je fus pénétrée d'une si profonde vénération pour lui, que je le pris pour le Maître de la belle Cave, je dansai, *Ariste* comprit mon erreur : cet Astre *Imirce* (c'était le nom qu'il m'avait donné, il signifie, l'Amante de la Nature) n'est pas le Maître de ma Cave, c'est le flambeau du Monde & le Père des Saisons.

Le Philosophe me fit rentrer dans la Maison ; elle me parut un Cachot aussi affreux que la Cave, où j'avais été élevée. Je ne pouvais concevoir pourquoi les Hommes habitaient des Châteaux, quand ils avaient une si belle Cave que le Monde & une Voûte aussi radieuse que le Ciel. Comment, disais-je, à mon Amant, tu n'aimes donc pas le Maître de la belle Cave, puis que tu préfères de t'emboëtter dans des Pierres, au plaisir de jouïr constament des merveilles dont il récrée les yeux.

Le Ciel, si beau, commença tout-à-coup à se brouiller ; j'étais à la Croisée à voir courir des Nuäges bruns & épais : je m'écriai au Philosophie ; ta belle Cave se gâte! je ne vois plus ton Soleil! ta cave ne dure pas comme la nôtre! est-ce que la puänteur se mêle aussi de ton monde? un bruit terrible & formidable se fit entendre, la voûte de la cave parût toute en feu. O *Ariste*! ton Soleil est tombé dans la puänteur! le Tonnère, la pluïe rédoublaient : j'étais tremblante. L'artifice, que j'avais vû dans ma Prison, n'était rien en comparaison du spectacle éclatant de l'atmosphère embrasée. Mon amant calmait mes frayeurs, je demandai pourquoi le Maître de sa cave (*) me faisait tant de peur? Il fait ce tinta mare, me dit-il, afin que nous ayons de l'Eau pour arroser nos choux. Ton Maître ne peut-il arroser les choux sans faire tant de bruit? Ce que tu appelles le Tonnère peut-il donner la puänteur aux Hommes? assurément s'il tombait sur eux, il en écrase chaque année quelques centaines, il casse nos thuiles, abbat nos cheminées & en veut surtout aux clochers. Le Maître de ta cave ne peut

_____

(*) M. le Marquis de Caraccioli & les sots, disent quand il tonne que le bon Dieu est en colère: apparament que le bon Dieu ne se fâche que dans l'été.

peut donc faire le bien qu'avec le mal ? s'entend t'il avec la puanteur ? Il te donne du pain, encore comment l'as-tu ? pour du pain il t'expose à un million de malheurs ; quelle idée a-t-il eut de faire fa cave ? mais toi, pourquoi es-tu tranquile pendant ce bruit ? - Que veux-tu ? Je ne puis empêcher les effets de la Nature, il faut vouloir ce qu'on ne peut empêcher. Tu as raifon ; mais ce carillon m'épouvante.

L'orage fe diffipa, le Soleil reparût plus resplendiffant : je demandai au Philofophe, pourquoi cet aftre avait permis aux nuages de le cacher ? Cet aftre, me dit-il, eft lui-même la caufe du bruit que tu viens d'entendre. Pourquoi eft il fi beau & fait-il tant de mal ? Il fait bien d'autres ravages & nos docteurs Anglais trouvent encore qu'il eft le meilleur poffible.

Un gros oifeau vint fe percher fur un arbre, *Arifte* prit une longue canne, fit du bruit & l'oifeau tomba à nos pieds. Le bruit & la flamme qui fortirent de la canne me renverferent ; revenue de ma frayeur, je dis au Philofophe ; tu es bien puiffant ! tu as le Tonnêre avec toi ! com-

ment

ment le trouves-tu au bont d'un bâton ? Mais quoi l'oiseau est tombé dans la puänteur ! pourquoi es-tu si méchant ? Que t'a fait cet innocent animal ? c'est que je veux le manger. Tu m'as dit cent fois que la vie était un état parfait, pourquoi détruis-tu une chose si parfaite ? Je suis gourmand, je veux satisfaire mon goût : as-tu donné la vie à cet animal ? Non, c'est le grand Maître de ma cave. Si tu n'as pas donné le jour à l'oiseau, comment oses-tu le lui ôter ? en as-tu la permission de ton Maître ? Ne l'offenses tu point ? Je me mis à pleurer : pourquoi pleures-tu, me dit *Ariste* : c'est que tu es méchant & qu'avec ton Tonnère tu peux me faire ce que tu as fait à l'Oiseau : ne crains rien, je t'aime trop. Il me donna beaucoup de raisons, elles ne me contentèrent point, la plus solide était la raison du plus fort.

Le Soleil avoit déja séché la terre, nous retournâmes au jardin, je n'osais prèsque marcher ; je n'avançais qu'en tremblant, à chaque pas j'écrasais quelque insecte : pourquoi disais-je au philosophe, vas-tu sans regarder à tes pieds ? à chaque pas tu donnes la puänteur à quelques êtres vivans ? As-tu encore de mauvaises raisons pour blanchir ta cruauté ? Oui répondit-il d'un ton victorieux ; la Nature ne se conserve qu'à ses propres dépens, elle a répandu une multitude infinie d'êtres sur la terre ; ces êtres existent, comme elle, les uns aux dépens des autres ; la destruction des premiers est l'accroissement des derniers ; chaque espéce est tellement multipliée qu'il est impossible de la détruire ; les insectes, que j'écrase, ne sont qu'un point dans une ligne infinie. Tu déraisonnes toujours, lui dis-je, tu détruis une partie de ces Insectes & tu t'imagines en faisant le mal de faire grace au tout que tu ne peux détruire, tes bienfaits sont singuliers ? Il me donna encore des raisons pour m'expliquer son sistème ; je ne vis dans sa cave qu'un peu de bien, beaucoup de mal & encore quelquefois assés mal combinés.

Le flambeau du monde commençait à m'importuner : comment, disais-je au Philosophe, ta cave est comme celle, où j'ai vécu, mêlée de bien & de mal, ton Soleil m'incommode, il a tort : devait-il paraître si brillant pour me faire

mal ?

mal ? Nous rentrâmes au château, j'allai au Miroir, le Soleil avait terni mon teint ; je demandai à *Ariste* la cause de ce changement ? il me dit l'ardeur du Soleil a brûlé ton visage ; j'en fus très fâchée ; & depuis cette découverte, je n'aimais plus le Soleil.

Un peu avant le coucher de cet astre, le Philosope me conduisit dans ses jardins ; je vis le Soleil terminer sa carrière ; il grandissait en se plongeant dans le sein de l'onde ; il ranimait de tems en tems ses rayons, en jettant des regards de feu sur la terre, qu'il semblait quitter à regret. Du côté opposé je vis paraître un astre plus bénin & plus doux, mes yeux en supportaient l'éclat tempéré. Cette voûte, où nageaient des flots de lumières, fut couverte d'un voile humide & sombre ; mais quelle surprise agréable, quand je vis tout-à-coup des millions d'astres dorés percer le moite rideau des ténèbres ! que la cave était belle ! O *Ariste* ! m'écriai-je, que ta voûte est étincellante ! que ton Maître est puissant le jour comme la nuit ! quel calme flâteur règne dans cette cave ! est-ce ici l'heure où les Amans vont reposer sur le sein de
leurs

amantes? Que l'air frais, que je respire, est délicieux! c'est le tendre souffle, qui échauffait mon Ame, avant de connaître le plaisir: tes feuillages ne sont plus agités, tes oiseaux sont muëts, leur silence est-il un mistère? *Ariste*, dis moi, ce mistère? ne dit-il rien à ton cœur? Cher Ami! veux-tu laisser parler le mien? Il t'invite avec la Nature à me combler de plaisirs.

Mon amant se jetta dans mes bras, m'énivra de voluptés, mon œil ne voïait plus que faiblement le spectacle attendrissant, qui l'avait étonné; le plaisir, plus grand que la belle cave, souriait à ma volonté. Je nageais encore dans une Mêr de délices, quand mes sens fûrent subitement flétris par le bruit effrayant de mille oiseaux funèbres; je demandai, toute allarmée, au Philosophe d'où sortaient ces cris affreux? Ce sont, me dit-il, les oiseaux de la puänteur; pourquoi ton Maitre trouble-t-il la tranquilité de la nuit? tes chouettes, tes hiboux, tes fresaies sont détestables. Ces cris me fîrent rentrer au château; la belle cave ne me parût plus que l'ouvrage d'un être, qui se jouäit avec le bien & le mal.

ARISTE reprit ſes habits ordinaires, je le trouvais aſſés ridicule dans cet accoûtrement, je ne pus, m'empêcher de rire. Il avait une poche noire, où il mettait des cheveux; ſa tête était chargée de pouſſière blanche; je lui demandai ce que c'était que cette pouſſière blanche? De la farine, me dit-il, dont on fait le pain. Eſt-ce pour honorer le Maître de la cave que tu mets de la pouſſière de pain ſur tes cheveux? Non, c'eſt pour plaire aux Dames. Les Femmes aiment donc les cheveux blancs? au contraire, quand les hommes ont les cheveux blancs, elles n'en veulent plus. Je ne t'entens point, tu ne raiſonnes pas; tu mets de la pouſſière blanche ſur tes cheveux pour les blanchir & pour plaire aux femmes & puis tu me dis que les femmes n'aiment point les cheveux blancs? Il m'expliqua le changement que les Années apportaient aux cheveux & les différens âges de l'Homme; je vis que les Dames avaient raiſon & les vieillards très grand tort d'avoir les cheveux blancs: mais, dis-je à mon amant, je deviendrai donc vieille? Oui: ah tant pis, voilà un grand malheur de plus dans ta cave! je le trouve plus éffroyable pour une jolie Femme que la puänteur même.

LE

Le Philosophe avait un bâton sous ses habits qui passait de gauche à droite, je demandai ce que signifiait cette broche noire qui barait ainsi son derrière; c'est un Epée, un instrument meurtrier, qui donne la puänteur: ô, Mon ami! pourquoi portes tu celà? c'est pour me faire honneur. Est-ce aussi pour t'en servir? Oui, quelquefois: tu es donc un scélérat, tu as une Epée à ton derrière, un Tonnère au bout de ta canne pour donner la puänteur, tu aimes donc bien la puänteur? non, je la déteste comme toi. Il m'expliqua le point d'honneur, la façon décente de s'égorger & les cruautés du duël; je vis des horreurs & dans les hommes civilisés des monstres apprivoisés par l'amour-propre & par l'orgueil.

Le femme du fermier entra dans ce moment, elle interrompit notre conversation. Cette femme ténait dans ses bras des chiffons d'où l'on voyait éclore une tête à peu près semblable à celle de mes Enfans. Cette paysanne était presque noire, je demandai pourquoi elle avait un visage si brouillé; on me dit que c'était le Soleil qui avait ainsi brûlé son teint. Celà m'indisposa encore contre le

Soleil. Je demandai quelle était cette figure enfagotée quelle tenait dans ses bras ? c'est un Enfant me dit-on. Il n'a ni pieds ni pattes : c'est l'usage chès les Peuples policés d'étouffer ainsi les Enfans dans des guenilles. Je trouvai les Peuples policés très barbares.

ARISTE me conduisit dans la Bassecour, je vis quantité de bêtes de différentes espèces, je m'amusai à les examiner. Le Cocq, accompagné de ses poules, me parût charmant ; sa contenance majestueuse fixa mes regards : *Ariste* me dit, que cet Animal avait plusieurs femmes, qu'il pouvait les caresser à chaque instant du jour. Le Maître de la Cave a donc plus aimé le cocq que l'homme, puis qu'il l'a rendu plus heureux en le rendant plus capable de plaisirs & s'il chérit ses créatures à proportion de ce qu'il les a rendues plus parfaites, le cocq doit être de ses Amis.

JE vis un Animal fort laid : ses grandes oreilles me firent reculer ; je demandai au Philosophe comment on l'appellait : un *Fréron*: ton *Fréron* à l'air bien stupide ! Le *Fréron* se mit à braire, ô ciel ! dis-je à mon Amant ! fais taire cette bête,

FILLE DE LA NATURE. 87

te; quel organe détestable! ses cris affreux me font peur, pourquoi as-tu chés toi un animal aussi maussade? Il est à mon fermier, ce Maître s'est amouraché de ce plat *Fréron*: le croirais-tu *Imirce*, que cette bête malgré son ineptie & sa voix baroque ait la fureur de censurer la voix harmonieuse des cygnes & le chant délicat des jeunes oiseaux?

JE vis deux grands animaux attachés à une petite cave fort jolie; mon amant les aborda, il me fit trembler: ces animaux, malgré leur grosseur & leur hauteur se laissèrent caresser. *Ariste* me fit monter dans la petite cave, qu'il appellait un carosse: dans l'instant ces animaux prirent leur course, je crus que nous voltigions dans l'air. A la sortie du château je rencontrai un homme sur un de ces animaux, un enfant en conduisait cinq à six, un polisson menait un *Fréron* & le rouäit de coups; ce traitement m'amusait. Le Philosophe m'expliqua l'utilité des chevaux, les services qu'ils rendaient à l'homme: je fus remplie de respect pour les chevaux & je les aimais comme font les grands Seigneurs, les Capitaines de Cavalerie & les Prieurs bénédictins.

Nous

Nous paſſâmes dans un endroit bordé de petites caves, qu'on me dit être un village; j'apperçûs une quantité d'hommes ſinguliers, qui m'épouvantèrent; les uns n'avaient qu'un bras, les autres qu'une jambe, un troiſième était ſans cuiſſe, un autre avait le derrière dans un plat : ô Ciel, les vilains hommes, m'écriai-je! nous nous arrêtames un moment. Un homme ſans bras, marchant lentement vint prier le Philoſophe de lui donner de l'argent, il n'avait point mangé, diſait-il, depuis deux jours. *Ariſte* lui donna trois Livres. Je demandai pourquoi ſon Maître ne donnait pas de pain à ce malheureux; en parlant je tournai la tête, je vis une cave remplie de pains, j'appellai le pauvre, je lui montrai avec tranſport la boutique au pain, en lui diſant, mon Ami voici ce que tu cherches? Le Philoſophe comprit l'équivoque, crois-tu *Imirce* que cet homme puiſſe prendre du pain impunément? s'il le faiſait ou lui donnerait la puänteur: comment, ne m'as-tu pas dit cent fois qu'un homme ſans pain tombait dans la puänteur? eh bien! oui: & s'il prend du pain ou lui donne la puänteur. Entend, ſi tu peux ton galimathias, le Dieu de de ta cave eſt original, il veut que tu faſſes une choſe & que tu ne la faſſes pas: le Maître de ma cave n'eſt pas l'Auteur de ces loix, c'eſt nous qui les avons faites pour aſſurer à chacun le ſien: tu fais donc des loix pour te donner la puänteur? Je ne te comprens pas. Ecoute, ma chère, cet Homme eſt pauvre, s'il veut avoir du pain, il faut qu'il travaille comme les ouvriers de mon fermier: comment peut-il travailler, il n'a qu'un bras? Comment ferais-tu, ſi tu n'avais qu'un bras? Dans ce cas il demande l'aumone, chacun la lui donne; lui donne-t-on toujours? on la lui refuſe ſouvent: vous êtes des Monſtres, vous ſavés que cet Homme ne peut gagner ſon pain, loin de courir le ſoulager; vous le laiſſeriés périr s'il ne venait toucher votre pitié, n'eſt-il pas affreux pour l'humanité de laiſſer les malheureux dans la miſère? n'augmentent-ils pas ta honte, quand ils ſont dans la rigoureuſe néceſſité de promener leurs malheurs, leurs infirmités & leurs cicatrices? Les gens de ta cave ſont durs; leurs cœurs ſont comme elle, remplis de bien & de mal.

Un aveugle, jouant du violon, vint nous demander l'aumone. Pourquoi dis-je je au Philosophe, cet Homme, qui ne voit goûte, jouë-t-il du violon? est-il charmé d'être privé d'un sens aussi utile que celui de la vuë? non, il joue de cet instrument pour nous exciter à la compassion: comment tu n'és pas assés touché de son malheur; il faut donc reveiller ta charité par la joye & la douleur? Tu es singulièrement charitable!

Dans notre chemin nous rencontrâmes un bois, je priai mon Conducteur de descendre; nous nous promenâmes quelque tems dans ce lieu délicieux; je fus frappée de la majesté & du silence, qui régnaient dans cette forêt; je trouvai ce séjour propre à recueillir l'ame; un charme secrèt m'invitait à y rester; je proposai à mon Mentor d'y demeurer. Le Maître de ta cave a fait ce Bois pour les Hommes, ne sont-ils pas bien insensés de quitter un endroit si délectable, pour habiter dans les pierres, comme les lézards & les grillons? Je m'arrachai avec peine de cette forêt, nous retournâmes au château où mon amant me promit de me conduire le lendemain dans un lieu nommé l'Eglise, où je verrais le Maître de sa brillante cave: sur tout ma

chère

chère *Imirce*, me dit-il, garde un profond silence dans ce lieu, ne quitte pas ta place, que je ne te donne la main.

La cave, où j'avais été élevée, n'était rien en comparaison de celle où brillait le Soleil; je m'imaginai naturellement que le Maître de cette belle cave devait être un objet curieux à voir. Cette idée m'empêcha de dormir, tant j'étais impatiente de voir ce grand Maître, pour lequel mon Philosophe était pénétré d'amour, de respect & de vénération.

Ariste me mena à l'Eglise de bonne-heure; en entrant je fus surprise de voir des Hommes contre les murs, ils ne bougeaient pas, l'un tenait un gril, l'un avait un cochon à son côté, l'autre un mâtin, deux autres faisaient des souliers, une femme tenait un joli petit Enfant dans ses bras & je ne vis point le Maître de la cave.

Une démi heure après je vis sortir du côté droit un Homme en chemise, avec une longue cravate rouge; il tenait la queue d'un animal, il trempa cette queue dans l'eau, dit un mot en criant, les assistans se mirent à brailler. L'homme en che-

chemife vint me jetter avec fa queue de l'eau au vifage; j'allais l'infulter, *Arifte* vit ma vivacité & me dit tout bas, de me contenir. Ce que je trouvai de plus original dans cette cérémonie fût la tranquilité du peuple aux procédés peu honnêtes de cet Homme & l'empreffement de toutes les femmes pour avoir de l'eau de fa queue.

CE même Homme reparut un moment après, avec un accoûtrement plus fingulier. Il commença à crier pour s'informer fi tout le monde était à l'Eglife, on répondit en mauvais français *ils y font*. Ces *ils y font* (*) ne finiffaient pas. Lorfqu'on eut braillé affès à fon goût, il avança avec deux plats, un grand & un petit. Le peuple alla mettre ce qu'on appelle de l'argent dans le grand plat & pour leur argent, on lui faifoit baifer le petit plat. Chacun s'en retourna content, je ne fais pourquoi, d'avoir baifé un plat. Le plus fingulier, c'eft que tous ces gens avaient des plats chès eux qu'ils pouvaient baifer fans donner un fol: comment, me difais-

---

(*) Si *Imirce* avait fu le *Grec*, elle aurait fu que c'était le *Kirie eleifon*.

fais-je en moi-même; les Hommes de cette cave ⟨aime⟩nt l'argent & ils le prodiguent pour baiſer un plat?

Le prêtre monta dans une grande boëte, ſuſpendue en l'air, d'où l'on ne voyait que la moitié de ſon corps; il parla long tems ſur la puänteur, il aſſûra que les Hommes de ſa belle cave étaient ſortis de ſon ſein; il dit des injures à tout le monde: Pères & Mères, s'écria-t-il, vos filles ſont libertines, elles vont avec les garçons dans les bois. Pourquoi cet Homme voulait-il que les filles allaſſent dans les Bois ſans leurs *Emilors*? Je trouvai ce morceau impertinent: vous aimés l'argent, continua t-il, vous êtes des frippons, des Menteurs & des Ivrognes.... Deux choſes me ſurprîrent dans cette cérémonie: la peine que cet Homme ſe donnaſt de crier contre des gens qui aimaient l'argent, contre des filles qui aimaient les garçons, & la modération du peuple qui écoutait patiemment, ſans répondre, les injures qu'on lui diſait.

La cérémonie faite, nous revînmes au château. Mon Philoſophe m'avait obſervée attentivement, il ſe douta des queſtions que j'allais lui faire & nous allions en-

entrer en matière, lorsqu'un Domestique nous dit, qu'on avait servi. Je n'avais pas encore vû manger *Ariste*, ni pris d'autre nourriture que du pain & des fruits. Je vis une Table garnie de quantité de plats, chargés de chair qui fumaient de corruption; je frémis à ce spectacle, je demandai quelles étaient ces préparations, ce qu'on allait faire. C'est mon dîné, dit *Ariste*, ceci est une tête de veau, ceci une pièce de bœuf, ce grand plat une soupe, à côté une épaule de mouton, vis-à-vis une tourte de godiveaux.

ETONNÉE de l'air tranquile, dont *Ariste* me faisait le dénombrement de ses plats; je lui dis comment monstre, tu manges des êtres, à qui ton Maître a donné le jour, tu les détruis exprès pour les engloutir dans ton ventre? comment peus tu être aussi cruël & peut-on souffrir dans tes villes un carnage aussi inhumain? oh! cela ne nous étonne pas plus que l'eau qui coule dans la Seine; il y a vingt quartiers dans Paris, qui étalent ces membres sanglans & déchirés; & la rue de la Huchette est remplie de gens, qui les empoisonnent. Nous égorgeons des millions de bœufs, de veaux, de moutons & toute

te la Nature pour nous suſtenter. La Nature t'a-t-elle donné ces animaux pour les manger! non, elle nous a donné le pain & les fruits, mais comme nous ſommes méchans, en rodant dans les bois nous avons vû des tygres déchirer les loups; les loups manger les moutons; nous avons copié les tygres & les loups. Tu choiſis bien tes modèles! mais comment ſe trouve t-il des Hommes aſſés barbares pour couper la gorge à ces moutons innocens? Il y a dans toutes les villes & toutes les Campagnes des gens qui font cette béſogne en chantant; les Dames les plus ſenſibles traverſent ſans être émues les boucheries; & l'aſpect de ces cadâvres, leurs membres palpitans, le ſang qui ruiſſèle par tout ne les effrayent point. S'il y avait un quartier dans Paris où l'on traitât ainſi les Hommes, tes Dames ſenſibles y paſſeraient-elles auſſi tranquilement? non, elles expireraient de frayeur. Eh! pourquoi n'ont-elles pas la même crainte pour les pauvres Moutons, qui te donnent leur laine? Je te comprens, tu reſſères ta ſenſibilité à ton eſpèce: penſes-tu quelle ſerait moins parfaite, ſi elle s'étendait ſur tout ce qui reſpire?

Nos

Nos Dames, plus dignes d'admiration que nous, ne reſtreignent pas leur Amour à notre ſeule Eſpèce; comme elles aiment le changement, elles ſe ſont épriſes de belles paſſions pour les bêtes; ſans parler des Maris, qui ne ſont pas toujours les animaux les plus chéris, ni les mieux léchés, elles crèvent ſouvent de déſeſpoir à la mort d'un péroquet, d'un ſerin & d'un petit chien.... Mangent-elles le chien ? Que dis-tu ? elles n'ont garde. Si tes Dames dévorent ſans horreur des bœufs, des veaux, des moutons, pourquoi ne mangent-elles point du chien ? C'eſt que nous n'avons pas contracté cette habitude, nos Pères ont mangé quelque fois de mauvais Ragoûts, mais ils n'ont point mangé de chien. Il me parait que la ſeule habitude te différencie des Antropophages; va! tu es plus cruel que ces peuples ignorans; ils mangent leurs ennemis, tu égorges les tiens ſans pitié & tu n'oſes les manger ſans horreur! va, il y a moins de cruäuté à les dévorer quand ils ne ſont plus, que de les tuër pour ſatisfaire ta paſſion homicide de tout détruire!

MON Philoſophe de ſang mêlait aux
chairs

chairs qu'il engloutissait dans son ventre, des drogues qu'il nommait du poivre, du sel, du vinaigre. Je demandai pourquoi il mettait chaque morceau de chair dans sa poussière de sel & de poivre ? Sans ces drogues, me dit-il, la Viande, n'a pas assès de saveur, ni assès de piquant pour irriter les fibres de notre Palais : ah, cher Ami ! ne vois-tu pas que la Nature n'a point fait ces viandes pour toi, puisque ton palais ou ton goût ne les trouverait point agréables, si tu n'ajoutais ton sel & ton poivre ? Ton palais est l'échanson, que la Nature t'a donné pour essayer ce qu'il convient à ton Estomac; par l'assaisonnement de tes viandes, tu trompes ton échanson, & tu crois en trompant la Nature, répondre à ses vœux; je trouve les gens de ta cave insensés!

Allarmée de ce sanguinaire repas, je priai le Philosophe de m'expliquer les horreurs de sa Table: Comment appelles tu ce liquide bouillant que je vois dans ce grand plat, dont l'odeur & la fumée m'empoisonnent ? C'est le suc de cette pièce de bœuf que tu vois à côté, qu'on a extrait par le moyen de la chaleur du feu: mais le feu n'a t-il pas gâté

E   ta

ta viande, & corrompu sa nature, puisqu'il a changé la couleur de ton bœuf ? Ce suc dans ton Estomac, ne doit-il pas y former un levain de fureurs, ou altérer ta santé ? je m'étonne, que tu parviennes à un âge fort avancé, en te nourrissant de pourriture & de chairs.

Je vis des Boudins; je demandai ce que c'était que ces tuyaux noirs : c'est un composé, me dit *Ariste*, de sang d'animaux & de leur graisse, que nous lions selon notre coûtume avec force de sel, de poivre & d'Epices. ô Monstre épouventable! non content de manger la chair des animaux, tu bois encore le principe de leur Vie ! quoi cette liqueur vermeille, qui coule dans leurs veines, te désaltère ? Ah malheureux! que ne m'as-tu laissée dans ta cave! je tremble de vivre avec des Hommes, qui se nourrissent comme toi.

Chaque plat était une cruauté, mais les boudins & la tête de veau m'épouvantaient davantage; comment, dis-je au Philosophe, peus-tu savourer les ordures de cette tête ? comment tu dévores jusqu'au siège de l'instinct ou de l'intelligence de cet animal ? oui, nous mangeons

geons la tête, les pieds, les pattes, la langue, le cœur, les poumons, les entrailles & quelquefois les poils par la malpropreté de nos cuisiniers. Manges-tu aussi des têtes, des cœurs de Frèrons? non cela est trop détestable, le Fréron n'est bon ni à rôtir ni à bouillir: c'est donc à cause qu'il ne vaut rien que tu le laisses vivre? Ton Fréron est bienheureux de ne rien valoir!

On apporta le second service; je vis des chats écorchés & brûlés, des oiseaux, des coqs & des poules. Ces oiseaux qui m'avaient paru si beaux dans l'air & dans la Bassecour, étaient monstrueux & défigurés. Mon Philosophe, avec un air tranquile, coupait les cuisses, les ailes de ces animaux & mangeait ces membres mutilés & gâtés, avec appétit.

Après qu'il eut contenté sa gourmandise, il donna un signal, on leva tous les plats, on garnit encore la table de nouveau: c'était pour la troisième fois que je voyais changer ce dîné. Surprise de cette abondance, je m'écriai; ô *Ariste*! que d'ingrediens & de cruautés pour satisfaire ton appétit! j'ai vû sur ta Table de quoi nourrir ce que tu appelles un
vil-

village, on ne finit point de t'apporter ? Comment ton Eſtomac, qui n'eſt pas plus large que la poche de ta veſte, peut-il contenir, ſans créver, la mangeaille dont tu viens de le farcir ? La puanteur va t'attaquer, je tremble pour toi.

Ce troiſième ſervice était réhauſſé d'une groſſe cuiſſe, noire comme la cheminée : je crus que c'était pour faire rendre au Philoſophe tout ce qu'il avait pris, qu'on lui apportât cette vilaine cuiſſe noire ; mais je fus bien étonnée lorsque je le vis, armé d'un couteau, couper de cette cuiſſe, en mettre un morceau ſur ſon aſſiète & le manger avec un appétit incroyable. Ma frayeur rédoubla ; comment lui dis-je, tu manges de cette effroyable chair ? Qu'eſt ce donc que cette cuiſſe ? c'eſt du jambon. Qu'appelles-tu du jambon ? La cuiſſe d'un cochon : mais pourquoi eſt-elle noire ? C'eſt que nous mettons cette viande à la cheminée afin que la fumée la noirciſſe : tu manges donc auſſi de la fumée ? Tu n'y es pas, nous faiſons cette opération afin que la fumée, pénétrant dans les pores de cette viande, puiſſe la corrompre ; cette corruption irrite notre goût & le flâte. Il me fit manger
de

de la crême, je trouvai que cela pouvait être bon, mais elle était brûlée & à cauſe qu'elle était gâtée, brûlée & qu'elle approchait de ſa cuiſſe noire, il la trouvait délicieuſe.

Etonnée des différentes chairs, dont il avait chargé ſon Eſtomac, je lui dis: tes Dames que tu peins ſi ſenſibles & ſi délicates pour les petits chiens, comment oſent-elles t'approcher lorsque tu as dîné ? Si tu avais dans la poche de ta veſte du bouillon, de la tête de veau, de la crême brulée, du chapon, du poivre, du ſel & des boudins; l'odeur de ce mélange ne leur ferait elle pas inſuportable ? Aſſûrément car elles ne peuvent ſouffrir l'haleine d'un petit chien qui mange de la viande. Mais pourquoi ſupportent-elles ſans dégoût l'odeur de la tienne ? c'eſt que nous marchons à deux pieds. C'était une mauvaiſe raiſon qu'*Ariſte* me donnait ; comme il n'en avait point de bonnes, dans ce cas il y a de l'adreſſe de ſatisfaire les gens avec des méchantes.

On leva les plats, je ne vis plus de chairs: on ſervit des fleurs, des marmouſets de porcelaine, des miroirs & des coli-

colifichets qu'on ne pouvait manger ; ces Bagatelles étaient accompagnées de fruits & ce spectacle s'appellait le dessert. Je mangeai du fruit, je le trouvai agréable. C'est au Dessert que j'aime ton dîné : c'est aussi le moment, repondit-il, où l'amitié se développe, où la saillie étincelle, où l'Homme, revenu à la Nature, revoit l'image de la liberté qu'il a perdue. *Ariste* effectivement me parut plus gai ; il fut triste & silencieux tout le tems qu'il avait été occupé à dévorer ses viandes : sa joie reparût avec le dessert & je trouvai mon ami plus aimable.

LA cérémonie de la table me semble gênante. Trois grands garçons nous servaient avec un air craintif & empressé. Je demandai au Philosophe si ces Hommes étaient ses Enfans : non, ce sont des esclaves fainéans, gâgés pour me servir : pourquoi te servent-ils ? Cette cave n'est pas comme la tienne ; les uns ont quelques bribes infiniment petites de la cave, les autres n'ont rien ; ceux, qui ont quelques lignes de terrein courbes ou plates, sont riches ; ceux qui n'en n'ont pas sont pauvres ; ces derniers se prêtent aux besoins ou aux fantaisies des riches
pour

pour avoir de l'argent: l'argent eſt un métal rare & dangereux, avec lequel on ſe fournit de tout ce que l'on veut. Je trouvai l'argent admirable, quoiqu'il ne valut guères mieux que les parois de ma vieille cave. Le Philoſophe m'expliqua ſon ſiſtême de finance; je compris un peu le ſiſtême de ſa cave. Je conclus que l'argent était le malheur des Hommes.

Nous parlions encore ſur l'ardeur de l'or qui brûle tous les Hommes, lorſqu'un Capucin parût ſubitement à nos yeux. L'aſpect de ce maſque me fit trembler, je quittai précipitament la table; *Ariſte* courut après moi, me ramena dans la ſalle, où je demandai encore toute effrayée de quelle cave ſortait cette vilaine figure? Comment donc, dans une cave auſſi belle que la tienne, y a t'il des êtres auſſi imparfaits? Cet être, répondit *Ariſte*, à quelques ridicules moins, eſt un Homme comme moi; il s'habille ainſi, parce qu'il croit qu'un habit mauſſade fait plaiſir au Maître de notre cave.

Le diſcours de mon Amant calma un peu ma frayeur. J'examinai le Capucin, plus je le parcourais, plus je doutais qu'il qu'il fut Homme. En regardant son laid capuchon, en touchant son gros habit, je m'avisai de lever sa jaquette, pour m'assurer s'il était Homme & s'il avait comme *Emilor* & le Philosophe ce qui m'avait fait tant de plaisir. Le Père, sur qui ma belle gorge & ma figure avaient fait de promptes impressions, se trouva dans cet état heureux, si mal adroitement réproché aux carmes de la place Maubert. Cette découverte me rassûra, je me figurais qu'un Homme, qui n'était pas fait comme *Emilor* ou le Philosophe, devait être ennemi des Femmes.

Le Capucin parut honteux, ou fit semblant de l'être; mon Mentor me gronda de ce que j'avais troussé la jaquette de ce sauvage: la pudeur, me dit-il, défend ces sortes de libertés à ton sexe. Qu'est-ce que la pudeur? C'est une vertu qui oblige les Femmes à rougir quand elles voient un Homme nu: une Femme ne doit donc pas regarder les objets qui lui font plaisir? pourquoi veux-tu faire un mistère d'une chose que la Nature n'a point fait? Ta pudeur est bien sotte! qui a fait ta pudeur? les hommes; ils sont donc bien stupides d'avoir fait la pudeur dès qu'elqu'elle les gêne ? Tu fais donc des vertus de tes idées ? dis-moi, quelle est cette vilaine bête de Capucin ! C'est un moine qui a fait vœu de ne pas se servir de ce que tu as vû, en promettant au Maître de notre cave de ne point faire d'enfans. C'est dommage, il a de quoi me faire plaisir, & si l'on pouvait aimer un monstre, je crois qu'il s'en tirerait habillement : mais je me fâche, pourquoi ce moine a t'il promis au Maître de ta cave de ne point faire plaisir aux filles ? Pour être plus agréable à notre Père commun. Ecoute, si tu te crevais les yeux pour ne point voir ta belle voûte, serais-tu plus agréable à ton Maître ? Non assûrément : ce moine est bien animal de faire une pareille promesse ! ta privation de la vuë n'affligerait que toi, son vœu fait tort à une fille & tu m'as dit que c'était un mal de faire tort à quelqu'un (*).

Nous

(*) On doit excuser *Imirce*, elle ne connait pas encore la Religion, le mérite d'un Habit de Capucin, ni l'excellence & l'utilité des vœux monastiques. La Nature ne peut lui inspirer que de l'horreur pour cet Etat. La révélation rectifiera sans doute ces mauvais sentimens de la Nature?

Nous continuâmes à parler sur l'habit du Capucin, auquel je ne pouvais m'accoûtumer. Je demandai pourquoi ce moine était ainsi fagoté? C'est pour plaire au Maître de ma cave; c'était toujours le refrein des raisonnemens d'*Ariste*. Ton Maître, qui fait de si grandes choses, aime t'il les infiniment petites? Peux-tu croire qu'une figure qui me fait horreur puisse lui plaire? Quand j'étais dans ta cave, si j'avais mâché du pain & colé ce pain mâché à mon derrière pour te plaire, cela t'aurait-t'il fait honneur? Non, j'aurais pris cette action pour une bêtise de ta part. Eh bien! si le Maître de ta belle cave a plus d'Esprit que toi, il doit trouver les Capucins pitoyables.

ARISTE envoia le moine dîner à la cuisine: l'Homme qui avait insulté le peuple dans l'Eglise entra. Il avait un long vêtement noir, un chiffon de linge autour du cou, une grande amplâtre noire sur la tête, sans doute il était blessé au crâne. Mon Amant lui fit des politesses, il témoigna au Philosophe la surprise que sa présence lui avait occasionnée dans l'Eglise: il y a longtems, M. le Comte, que je ne vous avais vu dans cet endroit,

vous

vous ne fréquentés guères nos temples : cela est vrai, dit *Ariste*, que voulés-vous que j'y fasse ? Je ne chante pas, je ne baptise pas, je ne prêche point ; M. le Curé y fréquenteriés vous si souvent, s'il n'y avait point d'argent à gagner ? Cependant il y a environ vingt neuf ans que je fus à Notre-Dame, c'était à l'occasion de la prise de Philipsbourg, c'est tout ce que je puis me rappeller ; j'étais jeune, j'étais curieux de voir de mes yeux un *Te Deum* ; on en chantait plus souvent que dans la guerre d'Hanovre. J'aurais cependant été dupe de ma curiosité & contraint de servir de vis-à-vis à deux Présidents à mortier si je n'avais rencontré la . . . . oh le bon tems, mon cher curé ! que cette Actrice était charmante ! Monsieur, lui dit l'Homme noir, vous scandalisés prodigieusement la paroisse, vous couchés avec cette Demoiselle, cela n'est pas trop *secundum Lucam*. Je pris une assiète, je la jettais à la tête du prédicateur, si *Ariste* ne m'eut retenue. Mon Amant un peu formalisé de l'instruction pastorale de son Homme noir, lui dit : mon bon Curé, tâchés d'entrétenir la paix avec votre servante, ne vous mê-

lés

lés point de mes affaires; quelle autorité avés-vous pour prêcher dans ma Maison? Le Curé lui répondit d'un air mistique: je suis le Serviteur du Seigneur. Cela est bon, dit *Ariste*, je parlerai à votre Maitre, je le prierai, aussi-tôt que votre Année sera finie, de vous paier & de vous mettre à la porte; il n'a que faire d'un insensé & d'un visionnaire chès lui. Le curé s'en alla en graumelant dans les dents.

Des que le Curé fut parti, je demandai au Philosophe pourquoi cet homme lui avait défendu de m'aimer? c'est à cause que je ne puis coucher avec toi sans sa permission: Va! il ne t'aime pas comme moi; ma Religion m'ordonne de lui obéir. Pourquoi te laisses-tu commander par ta Religion? il me paraît qu'avec ta belle cave tu n'es pas si heureux que je l'étais dans celle où tu m'as élevée . . . . . après tout qui est cet Homme? c'est un Curé à qui nous donnons du bien . . . j'interrompis *Ariste*, comment tu es assés étourdi pour païer un Homme, qui t'injurie & empêche tes plaisirs.

Le Philosophe, content de mes progrés,

grés, me fit annoncer dans son voisinage pour une Fille nouvellement arrivée des Terres Australes : on me courut comme le Rhinocéros. Deux carosses nous amenèrent cinq Dames, elles brûlaient de me voir. La curiosité est le sentiment le plus chaud de notre ame. Ces Dames parûrent étonnées de ce que j'étais plus jolie qu'elles ; elles firent l'inventaire de ma parure & de mes breloques, prodiguèrent tous les superlatifs : l'une me demanda, comment je trouvais la France ; l'autre me fit remarquer malgré moi le goût d'une belle robbe ; une vieille Marquise m'entretint de vapeurs & de son chien, qui n'avait que trois pattes ; une jeune personne me pria de lui donner des conseils pour tromper sa Mère, son amant ne pouvait la voir, disoit-elle, ni lui écrire : je m'étonnais de ce qu'il fallait tromper ses Père & Mère pour suivre un sentiment aussi naturel que celui de s'aimer.

Ce papillonage fini, la Compagnie s'arrangea au tour d'une table, prit des chiffons de papier, qui ne paraissaient pas être faits par le Maître de la belle cave, ils étoient fort mal peints. On s'amusa pendant trois heures à les remuer avec beaucoup d'attention & à répéter, je passe ... médiateur .. manille, spadille .. deux ... trois ... six levées ... codille ... faites .... voilà huit tours ... je n'ai plus rien dans ma boëte.

La Compagnie partie; je demandai au Philosophe, qui étaient ces folles; ce sont des femmes de condition sur le bonton, qui t'ont fait l'honneur de te rendre visite: c'est donc un honneur de dire cent niaiseries? de faire mille questions ridicules? par exemple, si les Dames de mon païs sont coëffées à l'éxil-du-parlement? si les greluchons sont plus aimables? si les chiens sont jolis? si je voulais savoir l'air de la chanson des petites postes de Paris? tes femmes de condition sont originales! j'aime mieux la femme de ton fermier, elle a soin de ses Enfans & de ses vaches: que font les femmes de condition? rien, que ce que tu as vu & qu'elles vont répéter dans vingt maisons: elles doivent donc prodigieusement s'ennuier? aussi sont-elles accablées d'ennui.

Je questionnai le Philosophe sur les
livres

livres mal peints, avec lesquels on avait plaisanté pendant trois heures: ce sont, me dit-il, de mauvais livres qui nous aprènent à devenir frippons, à perdre notre argent, notre honneur, notre fortune & souvent servent d'occasion à nous égorger. Pourquoi t'amuses-tu avec des livres si dangereux? c'est pour nous dissiper en nous volant poliment les uns & les autres; la passion du jeu ne peut-être que celle d'un honnête frippon. Tu ferais mieux, *Ariste*, de t'amuser avec les livres de ta Bibliothèque; la tragédie d'ALZIRE, que j'ai lue l'autre jour, me délasserait mieux que tes affreuses Cartes; est-ce celui qui a fait ALZIRE, qui a fait tes cartes? non l'Auteur de cette tragédie est un bel Esprit, celui qui a fait les cartes est un homme ordinaire & quoique le drâme d'ALZIRE prêche le pardon des offenses, il y a peu de Personnes, qui pardonnent les offenses & qui lisent cette pièce, en comparaison de celles que les cartes amusent & distraient. Les Enfans connaissent les cartes, les Matelots s'en occupent sur leur bord, les Soldats dans leur corps-de-garde, les Officiers dans leurs tripots, les Moines dans leurs cel-
lul-

Iulles; enfin l'Auteur de ce livre barbouillé s'eſt rendu immortel; il ramaſſe, occupe, délaſſe, fatigue journalièrement plus de monde lui ſeul que tous les livres qui ont été faits juſqu'à ce jour: la mode qui change nos habits & nos idées a plus reſpecté ces chiffons que la Religion; celle des premiers ſages à changé, les cartons peints ont conſervé la grotesque parure de nos Pères & le valet de careau a gardé ſa belle réputation (*). Je trouvai les hommes de la belle cave inſenſés de perdre les courts momens de la vie à manier ainſi le valet de trefle & à ſe couper la gorge pour le ſept de pique.

Nous reçûmes la viſite de quatre Meſſieurs; en entrant ils tirèrent un pied derrière l'autre, ſe plièrent comme des cercles, abordèrent *Ariſte* en lui diſant: cher Comte es-tu toujours Miſantrope? ne ſonges-tu pas à ce délicieux Paris? eſt-ce là le bijoux étranger! il eſt joli! ils

---

(*) Alexandre, Cæſar, Louis XIV. & Fréderic n'auront jamais l'Immortalité des Rois de cœur, de pique, de trefle & de careau. Ces quatre Rois placés au Temple de mémoire devraient guérir leurs confrères de la vanité des conquêtes.

ils vinrent voltiger autour de moi, me firent cent questions d'une haleine ; je fus piquée de cette familiarité : savés-vous, me dit l'un, l'histoire de la Dèschamps, elle a volé un diamant au curé de liège : voilà qui est de bonne prise… *Ariste*, comment gouvernes-tu cette petite personne ? elle vient dit on des Terres Australes ? ce païs n'est il point situé du côté du carnaval de Vénise, ou dans le Roïaume du Prêtre-Jean ? je me ferais volontiers tonsurer pour être Souverain d'un Etat, où il y a de si jolies filles. Mademoiselle, me dit-il, en se tournant vers moi, avés-vous vû la Cour du Prêtre-Jean ! sa calote comment est-elle ? Sa Majesté Madame la Prêtresse-Jeanne est-elle bien ? porte-t-elle la soutane & la tonsure comme son mari ? . . . . nos modes percent-elles dans ce païs-là ? ah ! je le crois . . . nous avons un goût divin . . . . nos cuisiniers, comme dit l'Auteur-bleu, font des fricassées de chérubins où il n'y a que des ailes & des têtes. Je ne répondis rien à ce charmant Monsieur, il crut sans doute qu'il avait eu une conversation avec moi.

Un autre avec une phisionomie plus
let-

lettrée, me demanda si je connaissais les journaux & le frère Berthier ; ils font fortune, me dit-il & prennent comme on ne prend point. Le joli abbé de la Porte écrit comme un astre . . . que dit-on de Fréron dans vos Terres Australes ? le connaissés-vous ? oui Monsieur : l'aimés vous ? non, je le déteste : & sa voix ? encore d'avantage, elle m'écorche les oreilles ; vous êtes, Mademoiselle, d'un véritablement bon goût, vous plairés à Paris : eh ! Monsieur, comment ne pas le trouver effroyable, ses grandes oreilles, son épaisseur, ses cris . . . . eh le voilà, c'est Fréron, le tableau est parlant, cet Homme est détesté depuis qu'il a voulu déprimer nos meilleurs Auteurs. Un Fréron, une bête peut-elle attaquer les Auteurs ? précisément, c'est à cause qu'il est bête : Monsieur expliquons nous, ce Fréron est un animal de la bassecour. . . . . . qui, justement, c'est sa place. Monsieur entendons-nous, un Fréron peut-il écrire ? cela ne fait rien, il barbouille : je crois que vous ne me concevés point : pourquoi, Mademoiselle ? ne parlés-vous point de Fréron ! oui : vous voïés que j'entends à qui vous en voulés ? de grace dites
moi

moi à quel usage sert un Fréron? le nôtre porte du bois, sert au fermier: vous y êtes. Voyant que ce Monsieur ne m'entendait pas, j'appellai, *Ariste*, qui instruit de notre début se mit à rire & dit à ces Messieurs: Mademoiselle, voyant l'ane du fermier, me demanda le nom de cet animal, celui de *Fréron* me vint dans l'idée, je crus ces deux noms synonimes, je lui dis que l'ane était un Fréron, voilà ce qui a fait l'équivoque. Les jeunes gens crièrent *bon le Lapin, bon le Lapin*, l'animal de la bassecour est un ane, celui de la rue de Seine est un ane, ainsi, Mademoiselle, il n'y a point d'équivoque, vous avés jugé comme les Muses & comme Apollon du satyre Marsias.

Un troisième me parla de chapeaux plats, de l'Abbé trublet & de l'opéra-comique; il termina sa conversation par m'assûrer qu'il donnait des leçons à son perruquier & que le Crépé était enfin passé au Marais. Un doucereux vint me dire: mon cœur ne peut tenir à vos charmes, je ne vois à Paris que des beautés comme çà, des phisionomies parallelles à nos découpures; un minois comme le vôtre est fait pour parer l'Olympe, éclipser la vieille Cour de Jupiter, qui n'est plus sur le bon-ton ; nos Auteurs avec leur Flore & la jeune Hébé, qui étaient du tems d'Hérodes, & l'Aurore qui aime les vieux garçons, cela ne vaut pas un visage moderne comme le vôtre.... comment vous ne dites rien, mon Astre? seriés-vous scrupuleuse? va t-on encore aux cérémonies des Bonzes dans les Terres Australes? nous autres, nous n'avons plus de Réligion, cela soulage le cœur.

Ces Messieurs débitèrent cent autres impertinences, s'en allèrent pleins de confiance que leurs charmes & leurs jolis discours m'avaient fait tourner la tête. Je demandai au Philosophe qui étaient ces crânes? les agréables & les gens de l'extrême bonne compagnie. Ta cave est-elle remplie de pareils agrémens? non, ces étourdis sont les jeunes gens de la Nation, ils sont, quelques années, fous, impertinens, l'âge les corrige, le Français est un fruit qu'il faut laisser meurir : pourquoi le présentes-tu avant qu'il soit mûr? tu exposes les gens à essuïer des propos.

Les visites commençaient à me donner une mauvaise idée de la belle cave.

On vint apporter la gazette; *Ariste* me laissa cette feuille pour aller donner des ordres à ses Domestiques. Je fus surprise de lire, l'Impératrice Reine a été à la messe; M l'abbé Arnaud a eu l'honneur de présenter à Monseigneur le Dauphin un Volume du journal étranger; comme cet Auteur n'en vend pas, il fait des générosités: le Prince Stadthouder a été enrhûmé: Gaspar-Thomas-Koutionki est de retour de son Voiage en Syberie: le Pape a ouvert la bouche au Cardinal Pimpernelli: Monseigneur Xavier-Machabée-Barthelemi-Jérome-Eustache de la Villa-canos-chantra-va-cælos s'est couvert devant Sa Majesté Catholique. Le Lord Rosbif-broute a reçu la jarretière; Jeanne-Françoise de courte-en-lair, Marquise de Courte-champ, est morte dans ses terres en Poitou le 12 de ce mois âgée de 87 ans; elle est la dernière de la maison de Courte-paille.

Ces bêtises me parûrent originales; je demandai au Philosophe, pourquoi l'on perdait le tems à écrire ces puérilités? on s'intéresse, me dit-il, dans notre cave à tout ce qui arrive aux grands: mais le journal étranger, une bouche ouverte, te, une jarretière, un rhûme, tout cela est bien petit! que veux tu? la gazette est comme le carosse de Paris à Orleans, vuide ou plein, il faut qu'il parte.

Cette cave si brillante, sa verdure, les arbres perdoient chaque jour de leur éclat; les pluyes devenaient abondantes, les beaux-jours rares, le Soleil se laissait à peine entrevoir, des vents froids avaient chassé les Zéphirs qui s'étoient envolés avec les fleurs. Ce changement m'attristait, j'en parlai à *Ariste*: ta belle cave, lui dis-je, va t'elle tomber dans la puanteur, ton Maître va-t-il la détruire? ou n'en prend-il plus soin? ne t'allarmes pas, chère *Imirce*, une saison fâcheuse va succéder aux beaux jours. Il m'expliqua l'ordre des saisons.

Cette belle cave devint déserte, les oiseaux muets, les ruisseaux, dont le murmure m'enchantait, avaient suspendu leur cours, des flocons blancs couvraient la terre, des vents constans & dechaînés par la mort avaient engourdi la Nature; hélas, cher *Ariste*! tu ne jouïs donc que passagèrement des beautés de ta cave? elle meurt tous les ans pour revivre encore, & l'Homme seul, pour qui elle est faite, ne renaîtra plus. Nous

Nous partîmes pour Paris; à *la Dînée* nous trouvâmes six grands garçons, vêtus du même uniforme; ils avaient chacun un Tonnère pareil à celui dont *Ariste* s'était servi pour tuër l'oiseau. Ces Messieurs caressaient trois filles, qui ne s'embarassaient guères des loix du Maître de leur cave, elles se moquaient de la pudeur, tenaient des propos, embrassaient leurs amans & se laissaient chiffonner aussi naturellement que je faisais dans ma prison. Ces gens, dis-je à mon amant, sont plus sages que toi, ils chantent, caressent leurs femmes; mais il parait qu'ils n'aiment pas le Maître de ta cave, ils ne disent point une parole sans en dire des horreurs.

Ces Hommes, me dit *Ariste*, sont des mercénaires gagés pour tuër nos Ennemis, servir la vanité des Souverains qui égorgent une partie de l'humanité pour apprendre à l'autre qu'ils ont de l'ambition & le droit naturel d'avoir raison avec des morts. Fais-tu de même avec tes ennemis? je n'ai garde, cette injustice est un avantage réservé aux Souverains. Que sont tes Souverains? les images du Maître de ma cave: ton Maître a-t-il a-t-il auſſi des gens ſoudoyés pour tuër les autres & faire du mal ? non aſſûrément nous ne le connaiſſons que par ſes bienfaits : pourquoi donc ſes faibles images font elles le mal ? ta cave eſt affreuſe d'égorger des gens ſi gais ! en égorges-tu beaucoup ? quelque fois quarante mille dans une heure : ô Ciel ! que dit le Maître de ta cave de cette cruäuté ? nous avons des gens qui nous obligent de croire, ſous peine de damnation, que le Maître de notre cave s'eſt declaré le Dieu de ceux qui s'égorgent pour quelques arpents de terre : ceux qui tiennent ces propos ſont apparament des Curés ? as-tu ſouvent la guerre ? aſſés réguliérement tous les dix ans. Pourquoi ces grands garçons vont-ils s'expoſer à la puänteur ? ils aiment les filles, ils n'ont point d'argent, & pour avoir dix écus ils s'engagent pour ſept ans [c'eſt toujours pour douze] de tuër les autres ou de ſe faire tuër. S'ils quittaient ce métier de bourreau ne feraient-ils pas mieux ? ils n'oſeraient, on leur donnerait ce que tu appelles la puänteur. Oh ! pour le coup vous êtes des monſtres, des barbares ; je ſuis étonnée que le Maître de ta cave en-

envoie du pain à des gens auſſi méchans. Ces filles vont-elles auſſi à la guerre? non mais elles tuent ces Soldats dans leurs bras & cela ſans Tonnère. Que dis-tu? je dis que ces filles leur donnent la puänteur par leurs faveurs & par leurs careſſes. En voici bien un autre! explique-toi, je tremble, je ſoupçonne que ta cave eſt horrible.

Notre cave eſt ſi grande que nous n'en connaiſſons pas encore l'étendue, elle pourrait bien être infinie, malgré nos calculs & le Dictionnaire d'un chanoine de Vaucouleurs. Un Homme hardi a été errer ſur les Mèrs; il a découvert une autre partie de la cave où il vient de l'or, du poivre & une maladie qui ſe gagne en faiſant des politeſſes aux filles; celles-ci en étant infectées, ne tardent point d'empoiſonner ces Soldats. Dis-moi; qu'allait faire ton vagabond ſur la mèr? chercher du poivre. Quoi cette vilaine drogue que tu mets ſur ta table pour te brûler les entrailles? quoi pour du poivre tu as gâté tes filles & tu continues d'envoier dans un païs d'où il vient un mal ſi funeſte? quand ces filles ſont attrappées à donner la puänteur que leur fait on? rien,

rien, il faudrait punir trop d'honnêtes femmes; on les châtie parcequ'elles manquent contre la décence, on les enferme à cause que les Curés ne leur ont pas permis de coucher avec ces soldats; nous les méprisons, nous les traitons de coquines. A ce compte je suis donc une coquine dans ta cave? les Hommes qui font les coquins avec ces filles les enferme-t-on aussi? non: eh bien, explique tes contradictions; dis moi, mon Ami, ne sont ce pas les Hommes qui font les coquines? oui. Si cela est, as-tu l'ombre du bon sens? tu empêches les gens de se caresser, tu veux que les filles soient plus sages que ceux qui les tentent.

Les filles élevées dans les préjugés de ta pudeur ne vont point je crois, du premier instant de leur puberté s'offrir à tes vilains Hommes? ce sont ces derniers qui les corrompent; si ton Platon le plus sage des mortels, si tes moines étaient caressés, baisés par une jolie fille, tiendraient-ils à ces caresses? y tiendrais-tu toi-même? tu veux cependant que les filles soient froides quand tu les échauffes? tu es injuste; je me fâche, les gens de ta cave n'ont pas le sens commun: tes rai-

raisons, leur poivre, leur Tonnère & tes méchans livres barbouillés, que tu appelles un jeu de cartes, en sont des preuves.

Nous traversâmes un bois, nous fûmes arrêtés par huit Messieurs qui vinrent sur nous avec des Tonnères de poche pour nous donner la puänteur. *Ariste* leur livra sa bourse; ils nous fouillèrent, arrachèrent mes bijoux, nous depouillèrent & nous souhaitèrent un bon voïage: revenue de ma peur je demandai, quelle était cette politesse, si c'était le bon-ton & le merveilleux savoir-vivre de sa capitale, dont il m'avait tant ennuié? ces gens, me dit-il, sont des malheureux qui arrêtent les passans, les tuent ou les volent. Pourquoi as-tu de pareils monstres? la Religion ne peut-elle arrêter les voleurs? à quoi te sert-elle donc? à nourrir des Capucins & des Hommes noirs pour te dire des injures?

A la couchée je vis une fille dont le visage était marqué de petites fosses; je demandai pourquoi 'elle avait la figure criblée; on me dit qu'une maladie gâtait ainsi presque tous les Hommes. Cette découverte me poignarda, j'étais jolie, j'étais femme, j'avais raison de m'allarmer : ce fléau, dis-je à mon amant, vient il encore de ton païs au poivre ? non ; nous avons été long-tems les plus ignorans de la cave ; l'ambition de nous décrasser un peu par l'arithmétique, le défi de savoir comment on arrangeait deux & deux font quatre & la belle passion de peindre élégament un zéro nous firent voyager dans l'Arabie malheureuse où nous apprîmes à griffonner les belles figures de l'addition ; nos professeurs nous donnèrent la petite vérole : il me parait que tu déviens toujours savant à tes frais, tes connoissances te coutent, tu païes cher le poivre & l'arithmétique (*).

A la barrière de Paris nous fûmes arrêtés par quatre grands voleurs d'aussi mauvaise mine que ceux, que nous avions rencontrés dans le bois ; ils fouillèrent dans nos malles ; ces Hommes n'avaient point de Tonnère ; ils ne demandèrent point d'argent & nous laissèrent passer. Je demandai pourquoi cette bande de voleurs ne nous avaient rien pris ? ce ne
font

(*) La petite vérole & l'art de chiffrer nous viennent des Arabes.

sont point des voleurs, mais des coquins que le souverain place aux entrées des villes pour visiter si l'on n'apporte rien contre les ordres de Sa Majesté : quels sont ces ordres de Sa Majesté ? nous ne mangeons rien, nous ne portons rien, qui ne paie au Souverain & celà cinq à six fois dans l'espace de cent lieues : mais n'habites tu point ce petit coin de ta cave appellé le Roïaume de France ? es-tu étranger dans ton propre païs ? c'est l'usage, il faut de l'argent. Un Bréton n'a pas le droit de porter une chemise neuve dans l'Anjou, sans païer en entrant quelques sols pour livre & quelques deniers aux Fermiers-généraux ; s'il fait le tour du Roïaume avec sa chemise, il paie deux fois sa valeur ; & cela est d'autant plus original que le marchand de toile en a déjà dû païer les droits en faisant entrer ses marchandises. Si ces commis me saisissaient avec une livre de tabac, ou quelques onces de sel, Sa Majesté me ferait marquer d'un fer rouge sur les épaules, je serais deshonnoré aux yeux des sots pour avoir eu dans la poche de quoi saler deux fois mon pot-au-feu : va ! ta cave & tes maximes sont odieuses.

Le mouvement de Paris, la hauteur des caves, celles qui roulaient sur la boue m'étonnèrent moins que d'autres caves portées & trainées par des Hommes. Je demandai ce que c'était que ces caves attelées aussi ridiculement? ce sont des chaises-à-porteur & des brouettes, dans lesquelles on traîne des Hommes: ah; malheureux! tu respectes bien peu tes semblables pour les employer à des services aussi bas: tu as des chevaux & tu laisses trâiner des Hommes par d'autres Hommes? oses-tu ainsi avilir l'humanité? j'arrivai à l'hôtel, si etourdie du tracas de cette ville, & si infectée de la mauvaise odeur, que j'en tombai malade.

Une pésanteur de tête, des maux de cœur firent croire au Philosophe que j'allais avoir la petite vérole : il envoia chercher un médecin, je vis entrer un Homme élégant; il se plaça à mon côté, s'appuïa un moment sur une canne à pomme d'or, fit un détail de ses fatigues, où il mêlait avec affectation le nom de ses grandes pratiques: M. le Comte, je viens de chès le Duc.... il crévera d'Apoplexie, il ne se donne aucun exercice, il faudrait pour sa santé lui faire

traî-

traîner avec son licol bleu la charette de l'Hôtel-Dieu (*). La Marquise de.... est un bon pigéon, elle s'est mise sur le ton des vapeurs ; cela me vaut quinze cent livres par an. Madame la Présidente D... est dans un etat désesperé ; son chien à une patte cassée, elle a déjà eu cinq à six faiblesses très dangéreuses, elle n'en revient que pour gronder ses gens. La Comtesse ** a un Mari vigoureux, deux grands laquais, un cordelier, un mousquetaire ; en vérité les femmes de condition ne sont pas raisonnables.... la petite... de l'opéra en tient de ce grand cordon-bleu qui est si bête... Madame la Vicomtesse... prend trop de beaume-de-vie ; si elle le prenait ailleurs que chés Le Lièvre, elle guérirait plutôt ; son Mari est un vieillard de vingt huit ans qui de sa vie ne pourra guérir sa Femme. La Baronne m'a fait demander ce matin, voilà la première fois

---

(*) Les Morts de l'Hôpital sont traînés par des Hommes ; on croirait les déshonnorer s'ils étaient tirés par des chevaux : cet honneur chatouille infiniment les Défunts, à ce qu'on croit à Paris.

fois qu'elle appelle un Médecin : dans ses maladies elle avait toujours recours à S. Roch, à Notre-Dame, à S. Eustache ; il est fâcheux d'avoir dans notre métier de pareils rivaux ! après cette sortie, le Docteur me prit joliment le bras, le toucha quelque tems, fit une longue dissertation sur le tact, le mouvement du sang, qui ne me soulageâit point.

Le médecin avait ordonné un lavement ; on fut le commander à l'apoticaire. *Ariste*, occupé dans ce moment, oublia de me donner des notions du lavement & des cérémonies, qui le précèdent. L'apoticaire entra chès moi, tira dessous sa Rédingotte une séringue ; je le pris pour un Tonnère de poche ; il était à peu près semblable à ce qu'*Ariste* appellait un fusil ; je frémis en le voiant, je demandai à cet Homme, s'il voulait me donner la puänteur : non, non, Mademoiselle cela ne pue point ; c'est une décoction de camomille, l'odeur n'est pas désagréable pour ceux qui aiment la camomille romaine ; il faut prendre, s'il vous plait, ce remède tandis qu'il est chaud. Voïant que je ne rémuäis pas, l'apoticaire me dit : allons, Mademoiselle,

selle, mettés-vous sur le lit. Ne concevant rien à la médecine, je crus qu'il fallait boire ce breuvage sur mon lit: je m'y jettai; tournés-vous, me dit-il; j'eus la complaisance d'obéir; troussés vous: qu'appelles-tu me trousser? découvrés votre derrière, je ne puis vous donner le lavement dans cette attitude ... comment monstre! que veux-tu? serois-tu un Jésuite? j'ai lu l'autre jour que ces moines étaient exécrables: non, que la bonne sainte Généviève m'en garde! je compris alors ce qu'il voulait dire: comment tu veux me ficher ce long tuyau dans le derrière, tu es effroyable! je fis un bruit horrible; *Ariste* accourut, voïant le sujet de la dispute, il appella ma femme de chambre, la gronda de ce qu'elle ne faisait pas cette opération; *Marthon* s'excusa en disant, qu'elle n'avait jamais donné de lavement, que si elle avait eu un malheur dans la vie, au moins son derrière était encore vierge.

Je questionnai mon Amant sur ce remède, il m'expliqua la théorie du lavement: la liqueur contenue dans ce cylindre est une décoction d'herbes émollientes; par le méchanisme de cet instrument on l'injecte dans les intestins, ce composé les rafraîchit; les Dames pour être plus belles en prennent chaque jour par douzaine. La Baronne D... que tu vis hier, trouvant un jour son teint obstiné, en prit une grosse dans trente six heures. Dans ta cave je n'ai pas eu besoin de ce remède, la Nature t'a t-elle donné la séringue? non, elle s'est contentée de nous endoctriner par la pratique de la cicogne: quand cet animal est constipé, il est malade; pour se soulager il va dans les étangs chercher de l'eau dormante, en avalle une certaine quantité, l'échauffe dans son jabot, foure son long Bec à son derrière & dégorge cette eau chaude dans ses entrailles. Tes moineaux, tes bœufs, tes moutons font-ils de même? non, pourquoi veux-tu imiter ce qui n'est peut-être bon qu'à une seule espèce? je ne voulais point de lavement; *Ariste* me prit par le foible des femmes, m'assûra que mon teint serait plus clair, que mes yeux auraient une expression plus tendre; c'était la raison pour tuër l'oiseau de Boccace; je consentis que *Marthon* m'administrât le clistère.

Cette fille sans expérience le donna d'une main péfante; au moment que je fentis la chaleur du remède je me retirai, la canule fortit & tout le compofé inonda ma couche; je fautai du lit toute dégoutante de cette vilaine drogue; peftant contre les Médecins, les lavemens, les féringues; je ne pris point de remède & je me trouvai mieux.

L'après midi je paffai dans le cabinet d'*Arifte*, je vis un tableau où était peint un grand fauvage avec une longue queue, des cornes à la tête & des griffes qui paraffaient de très vilaines manchettes. Je demandai ce que fignifiait ce portrait? c'eft le Diable, me dit *Arifte*, ou le *Manitou* (*), nous le peignons ainfi pour nous faire peur, comme les enfans, qui font des mafques de papier pour s'épouvanter les uns, les autres.

Pour augmenter ta peur, tu as arrangé des cornes fur la tête de ton *Manitou* & les cornes te font rire, tu en remplis les maifons de Paris: regarde ton front, tâte le bien, tu fentiras de chaque côté deux

___

(*) Les Nègres appellent le Diable le *Manitou*.

deux protuberences placées par la Nature pour t'en planter; les femmes connaissent le terrein; & la Terre est bien maudite quand elles n'en plantent point. Ah mon Ami! tu peins bien des bêtises! as-tu vu le Manitou? non: je crois qu'il doit être curieux.

Nous fîmes une visite à une parente d'*Ariste*; au retour nous fûmes croisés auprès de la Grève par un carosse étincelant, tiré par six chevaux. Je demandai à qui appartenait ce somptueux équipage entrelassé avec nous dans la confusion de Paris? c'est la voiture d'un Fermier-général, gens plus frippons que ceux que nous avons rencontrés dans le Bois: je vois que celui-là a fait long-tems le métier, il parait riche? aussi l'est-il: mais à propos, tu m'as dit qu'on donnait la puanteur aux frippons: oui, mais ces publicains sont d'une espèce privilégiee, ils volent impunément, parceque l'Etat à peut-être besoin de voleurs.

Un peu plus loin, notre voiture & celle du Fermier fûrent encore arrêtées & croisées par deux tombereaux qui se suivaient; dans l'un était un grand garçon; il avait la tête nue; un Capucin lui parlait

lait de tems en tems, lui montrait quelque chose, qui me parût d'abord un de ces hochèts qu'on donne aux Enfans pour les empêcher de pleurer ; je regardai plus attentivement, c'était un petit morceau de bois croisé, où il y avait une petite figure qui paraissait respectable au Patient. Dans l'autre tombereau était un Homme de cinquante ans, à qui un Curé contait des histoires qui ne paraissaient pas lui faire plaisir. Ces hommes m'inquiétèrent ; je demandai ce que signifiait cette céremonie : ce sont deux coquins, à qui l'on va donner la puänteur : le plus âgé volait dans les Bois, le plus jeune a dérobé dix sols à son Maître. Comment tu détruis un Homme pour dix sols ! tu prives la société d'un sujet qui lui gagnerait dix mille francs ? ta justice peut-elle condamner un Homme à mort, la vie étant un don du Maître de ta cave ? as-tu le droit naturel de détruire un présent si précieux ? pourquoi pends-tu celui-là pour dix sols, tandis que tu laisses vivre ce grand voleur de Fermier, il n'y a point de raison ni de justice dans ta cave.

Je marquai une envie extrême de voir

donner la puänteur à ces Hommes; je crus que cela devait être beau & satisfaisant; je voïais courir le peuple avec un empressement humain; la voiture avança, nous entrâmes dans la place de Grève; le peuple s'y entretenait de la résignation involontaire du Patient & discourait avec chaleur du Bourreau (*): il vantait beaucoup la dextérité de ce dernier & le citait comme un Homme merveilleux. On fit monter le vieillard, lors qu'il fut au haut d'une échelle, on cria: *grace! grace!* le peuple fut transporté de joie, mon cœur s'ouvrit à cette allégresse générale; je vis descendre le vieillard. L'inſtant d'après on fit monter le jeune garçon,

___

(*) Ce n'eſt pas ſeulement le peuple, qui tient des converſations ſur les bourreaux, j'en ai été excédé dans la bonne Compagnie; chacun vantait avec chaleur les talens de celui de ſa Province, en contait de jolies Anecdotes. J'ai connu un riche Anglais en commerce de lettres avec les Bourreaux de dix à douze villes. Je le trouvai un jour à trinquer au centre de ſix. Les Bourreaux ſont des Chirurgiens que nous mépriſons mal à propos. Voiés leur article dans l'Enciclopédie, M. Diderot les a embélis.

çon, je regardai attentivement, je m'impatientais déja de ne pas entendre crier *grace*, lorsque je le vis tomber; je le cherchais des yeux, j'allais m'informer de ce qu'il était devenu, quand je le vis balancer dans l'air & un Homme sur lui, qui le détruisait. Ce spectacle me fit horreur, je me trouvai mal; *Ariste* se mit devant moi, me donna de l'eau de luce: je revins, nous étions déjà loin de la Grève.

RETOURNÉE à la Maison, je dis à mon amant: ton peuple est cruel de goûter du plaisir à contempler une si triste exécution! comment accorder cette méchante sensibilité avec les transports de joie, qu'il a fait éclater à la grace du premier voleur? pourquoi celui-là a-t'il eu son pardon & que l'autre a été pendu pour dix sols? le premier avait un frère laquais chès la Maîtresse d'un Ministre, l'autre n'avait point de frère laquais chès la Maîtresse d'un Ministre .... je t'entends, chès toi le malheureux seul est puni; il sert à tes médecins pour faire des expériences, à tes loix pour leur donner de la force; tu punis celui qui vole dix sols & tu laisses passer tranquillelement les frippons qui font en caroffe; ah ta cave eft déteftable!

Pour me diffiper je me mis à la fenêtre pour examiner le tumulte de Paris. Je vis paffer un Caroffe, fix grands coquins étaient collés derrière, ils tenaient des bâtons en l'air; je demandai ce que fignifiaient ces bâtons fufpendus? un caroffe, me dit le Philofophe, avec fix gueux de cette efpèce & des cannes en l'air, annonce fur le pavé de Paris un Homme, qui fe ruine pour repréfenter une des Images du Dieu de notre cave : des bâtons en l'air te font donc honneur? ton Paris a bien du vuide! j'honnore d'avantage ton Fermier à la tête de fes Moiffonneurs, ces Hommes ne font point fainéans; tes Parifiens n'aiment, ne s'éblouiffent que de ce qui n'eft pas eftimable. On vint nous apporter un billet d'enterrement, nous y allâmes le lendemain.

L'Eglise était tendue de noir; on avait répété par tout des cartons peints & écartelés comme les phafes de Lune dans les Almanachs & diftingués par différens emblêmes. Dans le premier on voiait quatre-vingt-dix-neuf moutons & un cham-

champenois, dans un fond de gueule: dans le second deux léchefrites en sautoir dans un champ d'or: dans le troisième cinq têtes-à-perruque dans un champ de sinople; dans le dernier carton trois séringues, avec un sauvage qui marchait à quatre pattes dans un fond de sable. Je demandai ce que signifiaient ces cartons? *Ariste* me dit: ce sont les Armoiries du défunt, les diverses Alliances de sa Maison; il m'expliqua les puérilités imaginées par l'Ambition, pour amuser les Innocens. C'est donc pour faire paroli à l'humilité de ton Maître, que tu places ces trophées sur son Tabernacle, sur ses chandeliers? doit-il partager la douleur que tu ressens de la perte de cet Homme? tu m'as dit que ton Maître s'était anéanti pour toi, comment les prêtres de son temple permettent-ils d'y étaler les Hiéroglyphes de l'orgueil? ceci n'est rien; c'est leur avarice & l'ambition des particuliers, qui placent & retracent dans le lieu saint l'injurieux parallèle de leur Dieu & de Barrabas: tes prêtres ne croient donc pas au Dieu de ta cave? comment peux-tu accorder leur coupable conduite avec la sévérité de tes loix. Tes vivans peu contens que leurs morts ayent sacrifié aux Dieux de l'orgueil & de l'ambition, veuillent encore, pour insulter ton Maître, que les cadavres puäns de leurs Pères aillent s'étaler aux pieds de ses autels avec la pompe du monde! quelle force peut avoir vers le Trône de ton Dieu le chant des prêtres qui entourent-ainsi le mausolée de la vanité? leurs cris feront-ils tomber le sang de l'agneau sans tâche sur les souillures de l'amour-propre? les foudres de ton Dieu ne doivent-ils pas plutôt anéantir ces cadavres, que de souffrir dans le sanctuaire l'injurieuse balance de l'orgueil des Hommes & l'humilité de celui que les Juifs ont mis à mort.

Le convoi funébre arriva; quantité de gens avec des flambeaux, des prêtres avec des peaux de veaux, de Frérons & de moutons l'escortaient en chantant. Je demandai pourquoi ces Hommes, qui me paraissaient si gais ne dansaient pas: tu m'as dit, *Ariste*, que la Danse était sœur de la Musique, pourquoi sépares-tu ces deux parentes? la danse est-elle plus triste que le chant? celà n'est rien, répondit le Philosophe, c'est que celui qui

qui a fait les Rubriques de l'enterrement n'aimait pas la danſe. Deux Hommes ſoufflèrent tout-à-coup dans deux groſſes Anguilles & me firent peur; une douzaine criaient comme ſi on les frappait, un autre avec un bâton leur faiſait ſigne de ſe taire, & plus il leur diſait de ſe taire plus ils criaient.

Au milieu de la cérémonie, un prêtre prononça un diſcours éloquent, débita de ſi belles choſes ſur l'Homme tombé en puänteur, qu'il le fit auſſi grand, auſſi merveilleux tout au moins que le Maître de ſa cave. Il commença par des mots que perſonne n'entendait pas: je ne voïais point par quelle néceſſité pour ſe faire entendre, il commençait par des paroles inintelligibles à la plûpart des Auditeurs. Après avoir dit ſon Latin, il rêva un moment, cracha deux ou trois fois & puis il s'écria: les voiles de la Mort étendus dans ce Temple, ces flambeaux funéraires, ce cortège lugubre, ces pleurs, ces ſanglots [il mentait, perſonne ne pleurait] ces chants mélodieux [& la muſique était déteſtable] ſont les derniers devoirs que nous allons rendre au très Haut, très Puiſſant, Gilles Claude Nicaiſe Robinbin-choux-pomme, Seigneur de Robin-choux-rouge, grand justicier des cinq potences aux environs de Guines-la-putain.

Après un déluge de lieux communs l'orateur entonna la pompeuse généalogie du mort & mentit comme le Mercure de France. Les Robin-choux-pomme, Messieurs, sont originaires de la Savoye. Un des descendans de cette illustre maison porta la marmote à Memphis; c'était un honneur dans ces tems-là de porter la marmote, comme de porter aujourd'hui à son col une jarretière, un éléphant, une croix de S. André, une Marie Thérèse & la peau d'un Mouton.

Un Christophe Robin-choux-pomme épousa en Egypthe une petite nièce du grand Berger Jacob, qui faisait avec ses sœurs des briques au faubourg de Memphis; occupation digne de la propreté & de l'intelligence du peuple choisi. Au passage de la Mèr rouge, Christophe changea son nom de Robin-choux-pomme en celui de Robin-choux-rouge. Un de ses descendans nommé Isaac Noëmi Mathusalem Robin-choux-rouge fut un franc-maçon, qui osa le premier déclarer

rer le secrèt & les mistères de son ordre; il se sauva de Jérusalem, se réfugia dans le paradis terrestre de la Westphalie, qui renferme les meilleurs châteaux possibles & les meilleurs pommes-de-terre; là, il reprit l'ancien nom de Robin-choux-pomme, s'allia à la maison du Baron *Kaniverstanclas*, qui depuis deux mille sept cens ans, onze mois, dix jours & treize minutes jouïssait de quatre-vingt, dix sept quartiers de Noblesse. L'aumonier du château pour trois livres dix sols lui remit dans la personne honnête de Madlle la Baronne *Kaniverstanclas* une chemise pleine de chair, de la pésanteur de trois cent trente six livres de notre poid. Un fils de Christophe vint en France, s'allia à la maison d'un Gentilhomme ordinaire; ce fut lui qui porta l'oriflamme (*) à la bataille de Rosebecq lors qu'elle disparût.

LE

(*) Bannière qui tomba du Ciel avec une bouteille: du tems passé il nous venait beaucoup de Raretés & de colifichets du Ciel; mais depuis que nous commençons à être incrédules & avoir un peu d'Esprit, il ne nous vient plus rien delà haut que ce que les Philosophes y ont toujours vû vénir, la Pluye, la Grêle, le Tonnère, les Brouillards, la Grippe & la Cocluche.

Le Père de notre Gille Nicaife était une des vieilles perruques du Luxembourg, le plus fameux nouvelliſte du Palais-roïal; il laiſſa à ſon fils une fortune immenſe & ſa belle paſſion pour les gazettes. Gilles élevé avec les grands politiques de Cracovie, fut l'aigle des Menteurs du Palais-Cardinal. C'eſt-là que ſous le fameux arbre du bien & du mal, il fit pluſieurs cours de démonſtrations; c'eſt-là que la canne à la main, il approchait Filinghauſen, traçait ſur la pouſſière les conditions du traité honnête qui a fait la honte de la Nation & l'ornement des Boulevards; là, il montrait Rosbac, voilà diſait-il le Rhin, voilà où était... voilà où étaient les crânes, voilà-où.... l'agitation de ſa canne formait le tableau mouvant d'une Bataille perdue. Voïés s'écriait-il, comme le Roi le plus aimable, le plus digne d'être aimé eſt mal ſervi!

Nicaiſe uſé, anéanti, pulvériſé dans l'art de la Marine, avait étudié cette ſcience du haut de la tour des bons hommes à Pazzi; c'était de là qu'avec une lorgnette d'Opéra, il avait compris, ſaiſi les belles manœuvres de la Galiotte de S. Cloud

Cloud & qu'il décidait en conséquence que les bateaux-plats n'étaient point encore affés plats; qu'il fallait comme ceux qui s'appliquent à la connaiffance utile de la quadrature du cercle, chercher encore un dégrès de platitude pour achever de pérfectionner notre Marine.

Gille voulait auffi quelquefois juger de nos pièces nouvelles : mais paffons l'éponge fur ce morceau de fes connaiffances, le goût n'était point du tout la partie de mon Héros ; il ne penfait pas, & tout ce qui s'écartait de la favante gazette d'Utrecht, & de la gazette hiftoriée de France, n'était point de fon reffort. Il projettait de compofer une gazette utile à l'univers. C'était un détail circonftancié du gain honnête des Hollandais, avec un fupplément des gentilleffes de la Bourfe d'Amfterdam, où huit mille honnêtes gens s'affemblent chaque jour, depuis midi jufqu'à deux heures pour enrichir l'Europe & les Indes, & empêcher les banqueroutes.

Avant de vous peindre la paffion de mon Héros pour les nouvelles, je devais vous dire, Meffieurs, ce que c'eft qu'un nouvellifte: c'eft un perfonnage qui connait, naît, à l'entendre, les plus petits buiſſons de la Pruſſe ducale, les ſentiers les plus écartés de l'Hanovre & tous les cailloux du Rhin; il croit régler les intérêts des Potentats comme ſon petit ménage, ſitué à un ſixième de la rue du foin. Enfin un Nouvelliſte eſt un petit être à deux pieds à qui la Nature a refuſé les talens du bel Eſprit & qui poſſédé de la fureur de parler, croit tout ſavoir, tout déviner & tout connaître. Qu'il eſt aiſé, Meſſieurs, de renfermer dans une groſſe tête cinq à ſix nouvelles! qu'il eſt facile de prédire qu'avec de la poudre à canon & la méchanceté des Hommes on peut rougir les fleuves de ſang, joncher les plaines de cadavres! & quel génie faut-il enfin pour aſſûrer que la méſintelligence de nos Généraux a fait tous les ſuccès du général Hannovrien.

Après l'oraiſon funèbre on enterra dans l'Egliſe les reſtes puans de M. Robin. Les fidèles chrétiens, pour conſerver la mémoire du temple d'Epidaure, ont le ſaint uſage de paver le Sanctuaire de leur Dieu, de crânes, d'oſſemens & de cadavres. Nous parcourûmes l'Egliſe, elle était parquetée d'épitaphes qui n'apprenaient

naient rien à l'humanité que les noms stériles des gens qui s'étaient remplis & vuidés pendant quelques années.

A deux pas de l'Eglise nous rencontrâmes une troupe d'enfans, ils suivaient l'enterrement d'un de leurs camarades. Le Frère de la petite défunte sautait de joie & criait: ma sœur va en Paradis, que je suis aise! il vint dans l'idée d'*Ariste* de suivre ces enfans, nous rentrâmes dans l'Eglise, il s'approcha du petit garçon; c'était le fils de son libraire. Il lui dit: vous êtes bien gai, Poupon? oui, dit l'Enfant, j'ai très raison, on va mettre ma Sœur en Paradis, ma chere Mère m'a dit qu'elle serait bienheureuse, qu'elle verrait le bon Dieu, j'aime le bon Dieu, M. le Comte! C'est bien fait mon petit Ami, répondit *Ariste*, il est digne de votre tendresse. Comme les Enfans de Paris ont de l'esprit, j'étais enchantée des bonnes idées du Poupon: je lui demandai s'il voulait suivre sa sœur au Paradis: oui, Madame, de tout mon cœur! on va la mettre en Paradis tout à l'heure, vous verrés comme cela est beau?

Les prêtres ayant fini leur cantique on conduisit le cadavre vers une fosse où on le descendit, on jetta de la Terre dessus. L'enfant frappé de cette cérémonie se mit à crier, ô le vilain Paradis! ô Dame, dit-il en fuiant, je ne veux point aller en Paradis! comment le Paradis est un vilain trou! ses cris surprirent les assistans. *Ariste* courut à lui pour le calmer & l'empêcher de crier. Le poupon trop ému lui dit: ah! Monsieur, laissés moi fuir, que le Paradis est affreux! voiés comme ma chère Mère ment! oh ma pauvre sœur que je te plains! Nous voulûmes appaiser l'enfant, il fut impossible, le Paradis de sa sœur l'avait trop épouvanté. Je regardai *Ariste*, je lui dis: entens tu la Nature? ô mon Père, qu'elle est sage!

Ces enterremens m'avaient ennuïée; pour me dissiper, *Ariste* me mena à l'opéra; après un enterrement c'était tomber à merveilles. Je pris cette salle pour une Eglise: j'y vis des femmes peintes comme des Indiennes; j'entendis des sons harmonieux & un plein-chant divin: une toile se leva, je vis un bois, où Amadis était enchanté; j'entendis le Tonnère, il me fit rire. Je dis à l'oreille de mon amant; Cette Eglise est belle, cette cérémonie me plait mieux que ton enterrement; en parlant j'avais tourné la tête, le bois était disparu, un château était venu tout-à-coup comme un champignon, je le vis envoler de même. L'instant d'après une Mèr agitée de flots de papier, comme ceux qui s'entre-choquent à la sortie de la presse, vint se perdre auprès du parterre: une jeune fille qui chantait comme un oiseau en cage, descendit dans une boëte tirée par des Dragons de papier marbré; elle était entourée de rayons de fer blanc, qui éblouissaient les riches Bourgeois de la rue S. Denis. Un ciel aussi brillant que celui de la belle cave descendit en cadence; il était meublé de femmes & d'hommes superbement ornés de clinquant. Je demandai à *Ariste*, si c'était le Maître de sa cave, qui faisait ces petits prodiges; non, me dit-il, ce sont des hommes: ce sont sans doute les premiers prêtres de ta cave qui sont assis dans ce Paradis? les prêtres de ma cave n'y vont pas & ceux-ci sont des excommuniés, qui n'iront jamais en Paradis, s'ils ne quittent celui où ils sont nichés actuellement.

On donna un coup de fiflét, je vis l'Enfer, rien ne me parut mieux éclairé que cette caverne; tous les damnés paraiffaient enchantés d'être dans ce féjour, les Diables y danfaient à ravir. Deux chœurs de filles bordaient l'Enfer & formaient de chaque côté deux boutiques de tétons admirables. Une troupe de Savoïards habillés en Anges parûrent dans l'air attachés à des cordes, ils firent difparaître à l'inftant ce joli Enfer.

Je fus diftraite par un homme vis-à-vis de ma loge. Il femblait voir les autres & prendre du plaifir avec un peu de chagrin : je demandai quel était cet animal taciturne: tais-toi, me dit *Arifte*, refpecte davantage cet homme, c'eft un Suiffe civilifé dans les montagnes de Savoye par un tonfuré; il fe fâche contre toi à caufe que tu fens du plaifir à l'opéra; il affûre que tout ce qui t'enchante ne doit pas plus affecter l'âme d'un homme de goût que ton mouchoir de poche au bout de ma canne; ah, je m'en fouviens, j'ai lu celà dans la nouvelle Héloïfe. Cet Homme eft extraordinairement fenfé, il a l'audace de me traîter d'idiote, fi je bâille en le lifant; dislui

lui que j'ai été élevée dans une cave, éduquée comme lui au fond d'un puit & que l'opéra m'amuſe.

Voïant que je me fâchais, *Ariſte* me dit: il faut ma chère *Imirce* que je te raccommode avec lui. Après demain l'on donne un opéra de ſa compoſition; c'eſt un rien aſſés joliment organiſé (*). Une fille de village a perdu ſon amoureux, le Maître d'école de ſa paroiſſe, qui eſt ſorcier par ce qu'il ſait lire, lui prédit, que Colin ſera encore amoureux parce qu'il aime & que quand on n'a point d'autres biens que celui de s'aimer & de plaire, les gens réduits à cette miſère ſont bien forcés de s'aimer.

J'entendais raiſonner à mon côté un grand Seigneur, il avait un ruban bleu au col, il parlait de l'opera avec un petit qui n'avait point du ruban bleu au col: ce que je trouve, diſait-il, de plus beau à ce ſpectacle, c'eſt l'ouverture à cauſe du bruit . . . il y a un opéra, où il y a un cheval, cette pièce m'affecte, je voudrais toujours voir des chevaux, j'aime les

(*) Le Devin du Village, par le grand Demoſthene de notre petit ſiècle.

les chevaux, on n'en met pas assés sur ce théatre; on n'y voit que l'enfer, le vieux Caron; je voudrais voir les Danaïdes égorger leurs trente maris & puis avec leurs paniers percés, puiser de l'eau dans la Seine : Monseigneur, répondit celui qui n'avait point de ruban bleu au col, vous êtes divin, vous savés parfaitement la fable : en fait d'histoire sacrée & profane, je ne connais pas un Seigneur aussi entendu que moi; cependant je ne lis jamais, je suis le troisième de ma maison qui sait signer son nom; je connais les chevaux, quand on connait les chevaux on connait bien des choses.

J'ÉTAIS accouchée d'un garçon, il ne vecut que quelques jours; depuis ce tems *Ariste* ne m'approchait plus, j'étais surprise de sa froideur, je balançai quelques jours de lui en parler; enfin j'ouvris mon cœur : l'âge, ma chère *Imirce*, me dit-il, ne me permet plus de satisfaire tes desirs; la Nature t'a donnée à *Emilor*, je vais lui rendre la liberté & te remettre entre les bras de celui que ton cœur a choisi. Je répandis un torrent de larmes, elles s'adoucissaient, en tombant dans le sein d'*Ariste*; je m'écrai, ô mon ami! ô mon

mon Père! tu m'es plus cher que les plaisirs, je ne connais que ceux que je crois te donner, n'as-tu de la raison que pour m'arracher de ton cœur ? ton âge ne m'effraye point, la chaleur de mes ans te réchauffera ; c'est sur mon sein que ta tête précieuse reposera ; mes yeux contempleront sans cesse cette face respectable où ton Dieu a peint sa bonté ; tes vertus applaniront tes rides & plus ton corps sera maltraité par le tems, plus je verrai ton âme. Les charmes qui ravissaient les cœurs dans ton printems, qui les enchaînaient encore dans ton Automne, ne la voileront plus ; tu n'auras que tes appas éternels, ton humanité & tes vertus.

Le Philosophe calma mes douleurs, sa raison porta dans mon âme cette douce consolation que la sagesse seule peut donner. Nous partîmes de bonne-heure pour la Campagne : j'en avais hâté l'instant ; en parlant d'*Emilor*, j'avais fait naître dans le cœur d'*Ariste* le désir de connaître un sage si digne de son amitié.

Le lendemain de notre arrivée au château, mon ami me conduisit à la lucarne d'où il observait sa cave. Je revis *Emilor*,

avec

avec plaisir, il me parut sérieux. Le soir on mêla un Arcane à sa boisson, la nuit on l'enleva, on le mît dans la chambre où j'avais été. Le matin nous entrâmes, *Emilor* ne parut point étonné de nous voir, il fixait les yeux sur moi; je le vis changer de couleur, mon cœur fut ému; il cherchait à me reconnaître, mes habits le trompaient; pressée de lui marquer ma tendresse, je criai dans la langue de la cave: ô la joie & la force de mon âme! voici le plaisir! au son de ma voix, un jour enchanteur éclaira ses sens, il se jetta dans mes bras, ses larmes coulaient; un feu ardent étincellait dans ses yeux humides: nous nous serrâmes tendrement & nos âmes furent confondues.

Emilor inquièt cherchait d'une main impatiente au tour de mes vêtemens ce qui l'avait enchanté autrefois; il baisait mille fois ma gorge, je ne pouvais me débarasser de ses bras. La joie qu'il avait de me revoir était si excessive que son visage en était altéré; on voïait qu'il se passait quelque chose d'extraordinaire dans son âme; l'agitation se peignait par le désordre, où il était: dès qu'il fut un peu calmé on l'habilla, j'aidai à le vêtir, il parût triste; pourquoi, me dit-il, veux-tu cacher ce qui te faisait plaisir ? ces objets sont-ils devenus haïssables à tes yeux ? la nouvelle cave a-t'elle gâté ton cœur ? ne m'aime-tu plus ? hélas ! je l'aimais encore, mais je l'avais fait cocu (*); le pauvre *Emilor* n'en savait rien, le préjugé n'avait pas encore gâté son esprit & le Cocuäge, dont le trône est à Paris, n'était point encore un malheur pour lui.

Au bout d'un mois *Emilor* parlait Français. Il ne parût que légèrement étonné des merveilles de la Nature : toujours occupé dans la bibliothèque d'*Ariste*, il méditait sans cesse, il parlait savamment de Dieu, il ne le barbouillait pas comme la foule des hommes, il le peignait tel qu'il était, incompréhensible &

(*) Le cocuäge & un bas percé sont à peu près la même chose. Un homme élégant marche fièrement dans une place publique avec un trou à son bas ; si un sot vient lui dire : Monsieur, votre bas est percé, cet homme rougit, devient honteux ; dirait-on qu'un trou à de misérables chausses ferait un effet si surprenant sur l'ame d'un être raisonnable ? le Cocuäge est l'histoire du bas percé.

& adorable. Le Philosophe lui demanda ce qu'il pensait de ce Monde : peu de chose, si j'avais la fureur des systèmes & la manie des chimères, je pourrais créer un monde avec rien. Ton monde n'est qu'un grand animal, & les hommes, les poils du derrière de cet énorme animal. La Phisique, le microscope à la main, rend mon sistème possible ; regarde la belle gorge d'une jolie femme ; ces charmes ne sont que des insectes infiniment petits qui composent la rotondité, la blancheur & l'éclat de ce beau sein ; le tact de cette gorge est le picotement de ces petits animaux qui combatent quand nous la touchons avec les petits animaux qui composent notre main. Les insectes de la femme plus vifs, plus pétulans mettent tellement les nôtres en Convulsion, les agitent si délicieusement que ces animaux, répandus dans toutes les parties de notre corps, se précipitent avec violence vers les reins, s'unissent en troupe pour lever le pont-levis, passer & se joindre aux insectes de la femme ; & dans le moment de ce passage, ils te procurent une extase voluptueuse.

Les arbres, les fossilles, la Terre & l'eau

l'eau sont composés de ces petits animaux, qui sont autant de particules du plat *Animal-monde* ; ils vivent sur lui sous leur forme d'arbres, de fossilles, comme nous vivons à son derrière sous notre petite forme de poil. Les insectes qui forment un arbre se divisent quand l'arbre est mis en pièces ; si l'on brûle l'arbre, une partie de ces insectes se divisent en *Animaux cendres*, qui se réunissent vers la partie de l'*Animal monde*, qui forme un arbre; il en est de même d'un homme que tu mets en Terre, les petits insectes, qui composaient son corps, se séparent & vont se rejoindre pour former encore un poil au derrière du grand *Animal monde*. Tu vois qu'avec rien on bâtirait un sistême. Un Homme, qui rêve dans un cabinet, pour endormir ses compatriotes, ferait avec cette seule idée dix volumes pour ne rien t'apprendre.

Laissons les sistêmes, dit *Ariste* ; que penses-tu du monde où nous végétons ? très peu de chose. Ta petite fourmillière ne t'étonnerait pas d'avantage si tu pouvais aller au haut de ta cave, que la tienne ne m'a étonné quand je t'ai vu. Ton mon-

monde dans sa naissance était meilleur qu'il n'est aujourd'hui. Les hommes fûrent heureux tout le tems qu'ils restèrent dans la simplicité de la Nature. Cette Mère sage ne leur avait point donné la bienséance, la modestie, ni des fausses idées des choses naturelles; des fanatiques ont quitté la Nature pour chercher des vertus qu'elle n'avait point faites. Ton Paris commence à être habitable depuis que tes Philosophes reviennent sur leurs pas; tu as encore d'anciens cerveaux, des Pères & des Mères de l'arrière ban, qui croiraient leurs maisons deshonorées, si leur fille faisait un Enfant sans un privilège d'une personne de leur paroisse; comme si la Nature deshonorait les filles en les rendant Mères. Comment ces préjugés sont-ils entrés dans l'esprit des hommes?

Mon ami, dit *Ariste*, dans un Etat policé il faut fixer l'inconstance des hommes; si les loix n'enchaînaient pas les passions, on s'égorgerait; l'ordre, l'image de la divinité ne serait plus imprimé sur la Terre: tu plaisantes, tes législateurs ont cru l'homme méchant, il est naturellement bon, c'est un Enfant qu'ils ont

ga-

garotté & qui s'efforce de brifer fes chaî-
nes en les fecouänt. La fureur de pré-
voir les malheurs de fi loin a multiplié tes
Loix, tes Lieutenans de police & ton
Guet à pied & à cheval. Ta terreur pa-
nique & tes allarmes ont rendu tes frères
malheureux; fans tes loix dures & barbares & la plus part ftupides; l'homme
n'aurait pas connu le crime & ne l'aurait
point crû néceffaire à fes paffions; tes législateurs ont fait fortir l'homme de la
Nature & leurs loix n'ont fait qu'obfcur-
cir fa raifon en la revoltant; ôte les loix,
éclaire l'intelligence de l'homme, & tu
chafferas les crimes de la Terre, où la
liberté doit être la première loi. Tu
crois faire des merveilles en faifant écar-
teler tes frères par des bourreaux, que
fais-tu? tu punis quelques coquins imbé-
ciles & tu donnes à des malheureux plus
éclairés les moyens de faire le mal avec
adreffe. Un homme d'efprit peut com-
mettre mille horreurs & ne pas craindre
le glaive de ta juftice, jette tes loix au
feu, imite la Nature; elle n'en a point
fait à l'homme, elle fe contente de toucher fon âme & d'éclairer fon Efprit.
Porte le jour de la raifon dans l'âme de

l'ignol'ignorant, éclaire son intelligence & tu n'as plus besoin de loix.

Le seul désordre, que tu aurais à craindre chès les hommes, est celui qu'on remarque chès les animaux qui se battent quelquefois pour une fémelle; supposons que nous nous battions pour les Femmes, la cause est fort belle; nous ne nous égorgerons plus pour cent misères, pour des chiffons, pour des Mouftis, l'émétique & l'animal du côté des docteurs.

Les hommes, revenus à la simplicité de la Nature, se battraient moins pour les Femmes, parcequ'ils perdraient bientôt ces fantaisies que les peuples policés se sont formées de la beauté. Dis-moi? qui fût le premier sot qui trouva une femme plus belle que l'autre: les yeux, dit *Ariste*, certain arrangement de parties, les couleurs du teint, l'éclat de la carnation, les détails & l'ensemble qui forment la beauté: tu ne raisonnes pas, la Nature ne t'a pas donné ces misérables connaissances, puisque ces charmes ne sont point du goût général. Chès toi, une fille un peu maigre, un petit nez retroussé, font ce que tu appelles un miracle,

racle; tantôt le miracle change, ce font les yeux chinois & les dents de Savoyard que tu coures, tes idées font affujetties au caprice de tes modes. Dans les Provinces-unies une maffe de chair prodigieufement môle, deux énormes tétons, deux gros bras exactement plats, font tourner une tête Hollandaife; en Allemagne une gorge qui commence cinq doigts plus bas, qui finit cinq doigts plus bas que les gorges ordinaires & foixante deux quartiers de nobleffe extafient un Baron Weftphalien. Ce goût pour la beauté varie felon les climats. On voit chès toi des Hommes idolâtres des femmes fort laides; ton Martin Fréron trouvait feue fa moitié plus belle que Madame Lefcombat.

Toutes les femmes font belles; fi tes yeux louches ne les trouvent point telles, ne t'en prens pas à la Nature, mais à ta décence, à ta pudeur dont les voiles importuns te cachent leur beauté? comment une Femme peut-elle paraître belle? tu ne montres que fon vifage? tu ne fais attention qu'à fon œil; un œil fait-il la beauté? combien de Femmes dont le minois eft joli & le refte très laid.

laid. La Nature a donné à celles, que tu appelles laides, des graces qui compenſent un néz & des yeux qui ne ſont pas moulés à ta fantaiſie, une main blanche, un bras rond, une belle gorge, un pied mignon un . . . . que ſais-je? tout celà ne balance-t'il pas un bel œil? fais deshabiller tes Dames de Paris, les belles te paraîtront moins jolies & les laides charmantes.

Ce légiſlateur, qui faiſait deshabiller les filles & les garçons avant de les marier, connaiſſait la Nature & la beauté: tu crois toujours les uſages de ton païs admirables, tes loix valent-elles celles de la Nature? l'autre jour je diſais à ton fermier: ta Ménagère eſt terriblement noire: je ne ſommes pas ſi près regardans, répondit le Ruſtre, notre Femme a un côté auſſi beau que celui d'une Reine, voilà pourquoi je l'avons pris; dame! voiés-vous, je ne pouvons pas nous dérouiller la conception avec le teint.

L'amour, ce feu ſacré que la Nature allume dans le cœur de l'homme, eſt auſſi aſſervi à tes caprices; tes faux ſages, toujours écartés de la Nature, ont troublé la liberté de ta paſſion, chargé ton cœur

d'un

d'un cérémonial étranger: deviens-tu amoureux? il faut que la tête te tourne pendant quelque tems, que tu ailles dire en tremblant aux pieds de ton idole, que tu l'adores: la belle, ſtilée à tes uſages, doit rougir, faire cent grimaces, rébuter une flamme dont ſon cœur eſt également brûlé, tout cela pour prononcer trois lettres *o, u, i*; le mot lâché, il faut que tu ais ſur l'inſtant des convulſions, que tu diſes dans les tranſports de ta folie ,, ô aveu charmant! ô jour natal ,, de mon bonheur! ô divin oui! vous ,, m'ouvrés le temple de la félicité; échos, ,, oiſeaux, Bergers de ces bocages allés ,, apprendre à l'univers que je ſuis heureux ,, que la tête me tourne".

L'homme n'a que deux momens à être ſur la Terre, il en perd un & demi pour jouïr de la moitié de l'autre. Prend les filles à l'âge de quinze ans; à cet âge on dit d'abord ouï; ce ſont tes filles a-manièrées qui veuillent des ſoins, imite les ſauvages; les garçons & les filles prènent une pierre à fuſil, frappent d'accord; la première étincelle qui ſorte de la pierre, eſt la flamme qui couronne leur amour; renchéri ſur eux, dès l'âge de de douze ans, fais apprendre à tes filles à battre le briquèt.

Nous passions des jours tranquiles dans le château d'*Ariste*; le Philosophe était pour nous un Dieu bienfaisant, il nous aimait comme ses enfans, nous ne connaissions pas d'autre Père, nous étions heureux, notre bonheur cependant était souvent troublé par le souvenir de nos enfans; nous nous hazardâmes d'en parler à ce sage, il nous dit qu'il les avait placés dans différens païs, en avait tenu une note exacte & que ceux qui vivaient nous seraient rendus.

Nous quittâmes de bonne heure la campagne, nous partîmes pour Paris. La maison d'*Ariste* était toujours pleine, comme celles de la capitale, de bonnes & de mauvaises compagnies. Il nous vint un jour une Dévote & un Marquis du Tiers-ordre de S. François. La dévote était belle comme Vénus; elle était vêtue d'une légère étamine, sa gorge arrangée par l'amour transpirait au travers d'un grand mouchoir fin; sa parure simple, ses atours unis comme l'innocence, donnaient une expression si vive & si tendre à ses charmes, que le cœur du sage se
sen-

sentait amolli. C'est dans ces bras dévots, dit on, que l'on savoure le plaisir avec plus de sensüälité ; les voiles du mistère les enveloppent & le cœur, ouvert à Dieu dès le matin, les prépare pour le soir aux délices de la volupté.

Le Marquis avait une belle chémise garnie, il avait fait broder sur les manchettes le jugement dernier & sur le jabot l'enlevement de Ganymède. La Dévote savait un peu la fable, elle lisait la Mytologie, le P. Berruyer & la méchante collection de Madlle Unsy; elle dit au Marquis: vos manchettes, Monsieur, sont édifiantes, mais votre jabot me scandalise. *Ariste* voïant l'embaras du Marquis, répondit à la Dévote: Madame ce que vous voïés brodé sur le jabot de Monsieur est une anecdote de la vie d'Inigo; Madame sa mère rêva dans sa grossesse que l'âne de Balaam enlevait son enfant dans les airs & lui suçait le sens commun; voilà pourquoi ce Révérend Père en a toujours manqué. La Dévote, qui était Janséniste, parût édifiée du jabot de M. Caraccioli.

On changea de conversation, on parla des bêtes; *Emilor* avança que les animaux

maux étaient nos frères: comment, dit la Dévote, je suis donc, M. le Philosophe, la sœur de mon chien? assûrément Madame: quelle horreur! dit le Marquis, la Religion n'a jamais tenu un pareil langage; lisés mes œuvres sacrés, vous ne trouverés pas un mot, qui puisse appuïer, votre sistême.... oh! ceci est original, je serais donc le frère d'un âne? oui M. le Marquis, vous êtes le frère d'un âne, celà est prouvé dans mille endroits de vos Capucinades; Dieu n'est il point le Père commun des Hommes & des animaux, les enfans d'un même Père, ne sont-ils point Frères (*)? allons Monsieur, point d'orgueil, reconnaissés votre sang, il est de la même couleur: pour moi, plein d'entrailles pour mes frères, j'embrasserais un cheval avec plus de cordialité que Fréron, parceque mon frère le cheval n'a pas l'ame si noire; j'aime, voïés-vous, mes parens à proportion de ce qu'ils sont plus honnêtes gens? voilà du dernier détestable! dit la dévote, je ne pourrai plus manger de pou-

(*) Les Animaux selon Moïse sont nos ainés.

poulets, les frères se mangent donc? ouï Madame, dans la grande famille des êtres les frères se mangent les uns & les autres, comme dans la petite famille des hommes. Oh cher *Ariste*! vous vous perdés dans la compagnie de cet homme, a-t'on jamais soutenu rien de plus impertinent? selon le sistême de Monsieur, les Dindons de Jérusalem étaient les frères des Machabées & les ancêtres de M. le Marquis.

La conversation fut interrompue par l'arrivée d'un petit Abbé poupin: c'était la plus aimable fanfreluche de Paris. M. l'Abbé se minaudait, se donnait des airs d'anéantissement, il eut même des vapeurs & le ridicule de nos Femmes de condition; il tint une conversation décousue, un discours à la Filigrame: ah M. *Ariste*, que le convulsionnaire est maussade! nos étourneaux s'extasient, sans savoir pourquoi, au jeu de ce comédien automate ... j'ai abandonné le Luxembourg, on n'y voit que des Moines & les Marchandes de la rue de Bussy ... on dit que nous conservons cette campagne notre attitude sur le Rhin, voilà bien des campagnes d'attitude ... M. de de S**** (*) va être controleur des fourages à l'armée, on dit que pour épargner les rations & diftraire l'appétit des chevaux, il leur fera lire le journal étranger . . . le Pape continue d'être enchanté de fon cher coufin Barbarigo, qu'il vient de canonifer . . . à propos favés-vous, que nous avons trois armées en Allemagne, une dans le tombeau, une fur le bord de la foffe & l'autre qui fuit . . . . le Duc D. . . . a une petite maifon à croquer & une créature délicieufe, le minois le mieux chiffonné . . . . . la Baronne . . . . monte en graine, elle veut encore fixer fes amans; elle a tort, les femmes ne font pas comme les violons de Crémone, plus on joue deffus, plus ils font bons : nous fommes délaffés des bateaux plats; pour prouver que les tremblemens de Terre ont influé fur les crânes de la Nation, nous allons faire conf-

(*) Controleur des finances & de la vieille vaiffelle. Ce Miniftre fameux avait trouvé des reffources merveilleufes dans la croix de fa paroiffe & dans les plats à barbe des Financiers, qui plus citoyens dans cette partie que dans d'autres, ont facrifié génereufement leurs boëttes à favonette.

conſtruire des bateaux plats ſans voiles & ſans mats; M. Ber.... en a pris le deſſein ſur l'eſtampe des moulins-à-barbe qu'on trouve dans la boutique de nos barbiers; on les armera de têtes à perruques & d'excellents bras de bois que le chevalier Laurent (§) fera remuër; ils partiront

(§) M. Laurent de Bouchain, honoré du cordon de S. Michel pour avoir conſtruit au Pontpéan en Bretagne des machines connues depuis deux cens ans dans le païs de Liège, a fait un bras de bois à un invalide avec lequel ce Soldat écrivait. Ce petit miracle a été annoncé dans les papiers publics. Les innocens de Paris ont élevé le chevalier Laurent juſqu'aux nuës comme Thérèſe, Pancha & ſa famille le chevalier de la Triſte figure. Un Poëte plus innocent que les Pariſiens & les Sancho a honoré le phènomène d'un très joli poëme. L'origine du bras de bois vient de l'invention d'un certain Dubois arquebuſier, demeurant à Paris vis-à-vis l'égoût de la petite rue Taranne. Cet habile Artiſte faiſait, vingt-cinq ans avant l'exiſtence du chevalier Laurent, des bras artificiels, en fourniſſait les manchots de Paris, des Provinces, & en faiſait même des pacotilles pour les Indes; il en fabriqua un pour un Curé du dioceſe de Sens, avec lequel ce prêtre rempliſſait les fonctions de ſon état, donnait, pour trois ſols, des extraits des Régitres de ſa paroiſſe. Dubois n'a point fait de bruit, parce qu'un gueux, ſelon notre façon miſérable de voir les objets, ne peut rien faire de merveilleux tiront de Brest & viendront à l'ordinaire échouër à l'embouchure de la Vilaine, ou contre les landes de la Roche-Bernard.... connaissés-vous la chanson, elle ne parut que ce matin... on dit que le Caporal de Wesel persisle joliment les perruquiers français .... à propos Monsieur Ferdinand .... ah ciel! s'écria-t-il en regardant sa montre, il est cinq heures, je dois être chès la Duchesse..... elle s'impatientera, je la trouverai petrifiée ... il partit comme un éclair.

ARISTE nous fit voir les spectacles de Paris; il questionna mon mari sur ce qu'il pensait de la scène française : ton théatre, lui dit-il, est la gloire de la Nation & le triomphe des spectacles de l'Europe; c'est le seul qui éclipsera dans l'histoire les Histrions d'Athênes & de Rome; ta langue accentuée par la vérité & formée

---

leux. M. Laurent cinquante ans après a copié son invention, il a réussi. M. Paris de Montmartel & la bande des Publicains ses confrères ont préconisé M. le Chevalier de Bouchain, voilà un homme miraculeux! le Sr. Dubois, malgré les frippons, les fermiers généraux & les sots, conservera toujours l'honneur de l'invention & l'histoire oubliera son copiste.

mée pour être l'organe de la Philosophie est devenue celle des peuples polis & des étrangers curieux de la culture de leur esprit; mille chef-d'œuvres dramatiques l'ont enrichie; le français, toujours sage la plume à la main, s'est assuré pour toujours l'empire de la scène. Tous les peuples ont mêlé des difformités à leurs productions; on voit dans leurs pièces les morceaux les plus grands, balancés par des absurdités revoltantes ou des ridicules monstrueux. Ta scène, corrigée de bonne heure des imperfections que toutes les choses ont nécessairement dans leur naissance, voit aujourd'hui le vrai marcher avec ordre; l'action du drame se passe sous les yeux, le bon-sens la fixe au court espace de vingt quatre heures pour ressérer l'intérêt que nous prenons aux malheurs & aux vertus d'un Héros qui nous touche.

Le génie & l'imitation de la belle Nature ont formé les règles de ton théatre, la décence, la fleur de l'esprit le soutiennent & le décorent; ailleurs les vraies beautés sont remplacées par des concerti affectés, des pointes surannées, un burlèsque trivial, enfans informes d'ud'une joie grossière : chès toi, c'est l'enjouement délicat, la fine plaisanterie ; & si quelquefois le persiflage y lance ses traits, ils ne sont point éguisés par la haine, émoussés par la folie ; c'est Momus qui les lâche dans le séjour des Dieux. Qui aurait cru que les enfans de la Mère sotte, les fils du Prince des sots, les neveux des bateleurs, des jongleurs eussent un jour été les Maîtres de la scène ? que d'obligations n'as-tu pas à Molière, il est cent fois plus grand que ton Corneille ?

Les Anglais, encore étrangers dans l'art de Melpomène & de Thalie, trouvent ton théatre ridicule, à cause que l'Amour y donne des loix. Le Dieu qui embellit l'univers peut-il déparer le spectacle ? est-il étonnant qu'une nation, qui n'aime que par consomption, chès laquelle l'amour est une maladie, ne le puisse supporter dans Zaïre ? des raisons d'humeur ou d'infirmités peuvent-elles te faire renoncer à mettre en action dans tes jeux l'idole à laquelle les cœurs sacrifient ?

L'amour est une vertu en France. Tes Bayards, tes Montmorenci, tes Chatillon & tes premiers Seigneurs servaient

l'honl'honneur & ce Dieu. Tes vieux romans sont les monumens durables de leur amour sage & de leur respect pour leurs Dames. Un peuple, qui a reçu de ses ayeux un panchant aussi noble, peut-il l'ôter de ses spectacles? quelle langueur n'y trouverait-on pas sans ces tableaux? les passions honnêtes ne rougissent point; quand l'amour est sage il ne peut déplaire, il est digne de ta reconnaissance, tu lui dois ton génie & Zaïre.

La Couronne de Terpsicore, possédée lon-tems par les Italiens, est sur ta tête: quelle grandeur exprimée dans les caractères d'un opéra tragique! quelle légèreté dans tes Pantomimes! quelle finesse dans tes opéras comiques! la Saillie des chansons, l'air fin des Vaudevilles n'ont pû être imités des autres nations.

L'harmonie ne tardera pas à placer son trône à Paris. La Musique Italienne toujours si semblable à elle-même & dont les modulations précipitées fatiguent l'oreille du sage, lassera le goût de ses partisans; encore un Rameau, & le Sceptre de la Musique est entre tes mains? les vaines & vicieuses déclamations de M. Jean Jacques, qui ne trouve rien à son gré que ses propres paradoxes, ne doivent point imposer des loix à ton goût; laisse-le en possession d'abuser de l'aménité de la Nation, laisse-le crier pour ne rien t'apprendre.

La Tragédie n'est pas de mon goût, il ne faut ni génie, ni esprit pour mettre un roman en action, mais il en faut pour faire une comédie. La monotomie de tes tragédies m'ennuie à mourir; le prolégomène qu'il faut essuier, tes Catastrophes jettées toutes dans le même moule me déplaisent, l'éternelle contexture de cinq actes pour faire pleurer est insoutenable. Pourquoi cette sottise? est ce à cause qu'un garçon apoticaire, nommé Aristote, t'a dit qu'il fallait cinq actes pour tirer des larmes du spectateur? Les contre-sens du Sr. le Kain, ses convulsions, son insensibilité théatrale, son air fatigué, l'écume qu'il jette, son organe disgracieux, ses gestes croisés, tout cela me rend l'acteur & la tragédie détestables.

La plupart de tes Histrions de Paris ne vallent rien; ton Gaßon a un organe embarassé, il grimace, son geste est trop uniforme, son accent déplaît, il chante trop

trop ſes finales, il ſe ride trop ſouvent le front & allonge trop le Col. Paulin à une voix ſonore, il eſt ſans action, ſa roideur eſt fatiguante. Blainville remplit avec une ſorte d'honneur le rôle de la ſtatue au feſtin de Pierre. Dubois fait aſſés bien en riant des récits triſtes & ſérieux, il a toujours un pied en l'air, il eſt très content de lui-même. Il eſt bien généreux de s'applaudir lui ſeul.

Nous vîmes jouer le Miſantrope; cette pièce nous plut infiniment, elle était dans le caractère de notre cave. La fineſſe de cette comédie eſt admirable & perſonne n'y fait attention. Le ſpectateur rit d'Alceſte ſans ſavoir pourquoi, comme l'on rit à Paris. Molière dans le Miſantrope a peint l'homme tel qu'il doit être & les gens rient parcequ'ils ne ſont point ce qu'ils doivent être. Ce ſont des Hommes ivres qui ſe moquent d'un homme ſobre.

Quelques jours après nous ſuivîmes *Emilor* à la Bibliothèque d'*Ariſte*. En liſant les titres des livres, il portait en deux mots ſon jugement ſur l'Auteur & ſur l'ouvrage. Nous commençames par M. de Voltaire. Ta Nation, dit-il au

Comte, n'a produit rien de mieux que cet Homme, les charmes de la diction, la beauté des images, la finesse des antithèses, le sel de la fine plaisanterie, tout est divin. Ton Homère, qui a extasié l'antiquité, m'a ennuïé à mourir; je n'ai lu ni prose, ni vers de ton Voltaire qui ne m'aient enchanté. Les sots Egyptiens ont dressé de hautes pyramides pour s'immortaliser; leurs copistes ont fait le Colosse de Rhodes & tes merveilles du monde; pour élever ces niäiseries il fallait du cuivre, des pierres & des gens pour leur faire perdre leur tems; ces anciens innocens ont cru étonner la postérité, ils ont réussi à charmer les sots. Voltaire étonnera davantage tes Neveux, que ces amas de pierres & de briques.

Tes Parisiens, que j'aime parcequ'ils sont bons & honnêtes, devraient faire jetter à leurs dépens la statue de ce grand homme leur compatriote, la placer à côté du plus grand de tes Rois, tu m'entends? c'est sur le pont-neuf vis-à-vis de son Héros, que j'aimerais à le contempler. Tu devrais rendre cet hommage à son génie avant qu'il meurt, cette fa-

faveur de la Patrie adoucirait l'amertume de la mort. Ce monument ferait mieux l'éloge du bon goût de Paris que l'amas de pierres de ta neuve Mosquée & le mausolée magnifique, élevé à ton curé Languet, pour avoir honnêtement volé son prochain en imaginant des lotteries défendues par les canons de l'Eglise (§).

L'HISTOIRE naturelle, excellent livre: les observations sur les animaux m'ont réjoui, la politesse des lapins m'a fort amusé. M. Buffon assûre que les jeunes lapins ont un respect attentif pour leurs grand-Pères; quand ils voient passer leur trisaïeul, ils se rangent de chaque côté pour lui faire les honneurs de la garenne; où s'ils se promènent avec lui, ils donnent toujours le haut du pavé au bon homme: dis-moi; où tes lapins ont-ils appris ton savoir-vivre? ont-ils lu tes Marguerites françaises (§§)?

His-

(§) Le bon sens en voiant le Mausolée du Prêtre Languet, demande à propos de quoi on a fait cette dépense. Je n'ai jamais regardé ce monument sans humeur.

(§§) Dictionnaire de Complimens d'où nos Pères puisaient leur savoir vivre.

Histoire ancienne, jette ces fables au feu & généralement toutes tes histoires; as-tu peur d'oublier que tes Hommes ont été méchans? il n'en manquera jamais sur la Terre pour te l'apprendre. Choisis dans l'histoire, fais un recueil des bons Rois, l'ouvrage sera portatif, ta Nation pourra t'en fournir jusqu'à trois. Louis XII. Henri IV. & Louis XV. ton Louis XIV. n'a été que rédoutable, sans les arts qui ont illustré son regne, on ne parlerait peut-être point de lui.

Histoire du peuple de Dieu par le frère Isaac Berruyer. On ne peut rien ajouter à ce scandale.

Dictionnaire de l'Enciclopédie, ouvrage admirable, indigne des siècles des.... des.... & des... Les Satyres de Boileau, ce n'est point mon poëte. Corneille m'ennuie quelquefois; le Cid ne vaut rien, Rodogune me ravit, Racine à des morceaux admirables; je n'ose dire tout haut qu'Athalie ne me plait point; Joad est un scélérat. Crebillon tout est bon hors Catilina. Bernis ses poësies sont charmantes; ce sont des fleurs dignes d'orner la gorge d'Egerie. Marmontel ses contes sont très jolis, c'est le
stile

ſtile des femmes galantes. Rouſſeau; c'eſt l'Horace français. Ton Bayle eſt le plus grand de tes écrivains. Montesquieu; les Anglais ſont auſſi étonnés que moi que tu aies produit cet homme.

L'ESPRIT, j'aime ce livre, je loue l'Auteur de ſes ſoins; de toi à moi, l'eſprit eſt encore rare. Tes Pères ont étudié ſix cens ans celui d'Ariſtote, ils étaient bêtes tes Pères! ton Paris, où l'on croit qu'il y a tant d'eſprit, n'en remplirait pas la moitié du faubourg S. Germain, il n'y en a pas encore dans le Marais; tes autres faubourgs fourmillent d'innocens. La Hollande malgré ſon or, la Pruſſe, malgré les cruelles conquêtes de ſon Roi, ſeront toujours ſans eſprit. ——— En Allemagne on fait cent lieues ſans trouver une perſonne de génie, dans ta Bretagne l'eſprit eſt tombé en quenouille, ta Champagne en aura quand toutes les parties du monde en ſeront pourvues. C'eſt le nombre des ſots qui a effrayé ſans doute M. Helvétius.

TRAITÉ des études par M. Rollin. La Nature eſt préférable aux Phraſes de ce Rhéteur. Le ſublime, allongé par Longin, eſt du galimathias: ton Mathana-

ſius

sius est plaisant pour les pédans & les érudits : le Franc de Montauban j'aime sa Didon, son voiage & ses jolis vers ; son discours qui a ennuié toute la France, ne m'a pas ennuié, je ne l'ai pas lu ? ta Sevigniés est ma bonne amie, j'aime son cœur & son stile, c'est la Nature ; son cousin a du bon ; je suis du goût de M. de Voltaire, nous aimons mieux la cousine. Montaigne, c'est un prodige pour son siècle, il mérite l'estime de tes neveux. Rabelais me fait pitié. Tes Mémoires de l'Académie sont des livres trop gros ; les infolio m'épouvantent ! tes Dictionnaires en général ne valent rien. Milton, il faut le laisser admirer aux Anglais. Madame Deshoullières, je l'aime avec ses moutons, j'admire l'esprit fort de cette femme, on voit un air de Philosophie dans ses vers qu'on ne trouve point dans les Auteurs de son tems. Molière, ô le grand homme ! je l'adore. Regnard je l'aime quand il s'approche de Molière. Piron je le mets entre ces deux grands Hommes quand je lis sa Métromanie. La Fontaine il est bon, il est beau, il est si naturel ; quand je l'entends conter, je crie toujours contés encore cher La Fontaine ;

ne; Jean Jacques Rousseau ce n'est pas mon homme, je le lis, le relis, je le prens par la tête, par la queue, je veux m'instruire je n'apprens rien, il me donne de l'humeur & je finis par m'étonner. Fontenelle, je n'ai point assés d'esprit pour l'entendre, il a tort, il m'ennuie. Newton, j'admire son travail; Pope il faut étre anglais pour l'apprécier, l'abbé du Renel lui a fait honneur. Don-quichote livre excellent pour amuser un tire-au-vol. L'année litteraire, tous les sifflets ont été pour ce barbouilleur. Pope a fait le portrait de ce Polisson en quatre vers.

Sourd aux cris du bon sens, il va toujours son train,
Insensible au sifflet, on le déchire en vain,
C'est un sabot qui dort sous le fouët qui l'agite,
Par le mauvais succès son courage l'irrite.

HISTOIRE de Marie à la coque, ouvrage d'un imbécile qui savait le français: le Colporteur chiffon d'un écrivassier sans génie; Chévrier a tiré l'idée &

la marche de son mauvais livre de la brochure intitulée la *Maillebose*, ou la nouvelle nuit de Straparole, avanture d'un colporteur. Chévrier a grossi son libelle de quelques méchantes anecdotes que tout Paris savait. Le colporteur de Straparole est écrit parfaitement, le colporteur de Chévrier pitoïablement, c'est l'âne de la fable qui caresse son Maître.

Histoire des Vampires, ouvrage de décrépitude. Traité du vrai Mérite, titre admirable, ouvrage manqué: Mercure de france, recueil de rapsodies, digne d'amuser les femmes de chambre. Le journal de Verdun, précieux livre pour orner l'intelligence des curés de village; c'est le journal de tous les pasteurs, ils sert à leur former l'esprit comme l'almanach des bergers aux ignorans & aux gens qui ne savent point lire.

Les Annales Belgiques par M. Dumée à Douai chés Derbaix imprimeur du Roi, Ouvrage sec, fort sec & très sec avec un beau catalogue des Conseillers & des Procureurs du parlement de Flandres. Le Catalogue paraît fait de main de Maître, c'est un chef-d'œuvre, on ne saurait trop recommander la lecture du catalogue.

L'His-

FILLE DE LA NATURE. 181

L'HISTOIRE de France par le P. Daniel; tout bon français doit flétrir cette histoire, charger de honte & d'opprobre son indigne Auteur. Le méprisable frère Daniel pour blanchir le crime & servir le fanatisme a pâli la vérité, donné des vertus à des Rois qui n'en avaient point, loué son scélérat de P. Cotton & supprimé misérablement des circonstances essentielles.

MAIMBOURG, abominable menteur, digne de faire encore l'admiration des sots & des fanatiques. Le P. Bouhours, je ne sais ce qu'il veut dire dans son art de bien penser sur les ouvrages d'esprit; en le lisant je dis comme Angelique.

Expliqués-vous ou laissés-moi rêver.

MAHOMET Tragédie (*). Voltaire à dé-

(*) La Tragédie de Mahomet fut arrêtée à la quatrième représentation par la cabale des dévots. Après la lettre du Pape où M. de Voltaire est canonisé tout vif, on remit la pièce au théâtre. Voici l'annonce qu'on afficha dans toutes les ruës.

Messieurs & Dames.

Vous êtes avertis que le Grand Mahomet, qui avait

dédié cette pièce au Pape, le trait est hardi; c'est parler de corde dans la maison d'un pendu.

Nous allâmes de bonne heure à la campagne; *Ariste* fut attaqué d'une maladie lente & dangereuse; il vit bientôt qu'elle le conduirait au tombeau; il arrangea ses affaires, nous donna son bien, qui montait à cinquante mille livres de re-

---

avait été banni de France, après avoir été exposé pendant trois jours à la risée du public (§), s'étant rendu à Rome pour y gagner le jubilé, a été absous par notre très saint Père le Pape; en sorte qu'il est revenu dans cette capitale, où il opérera des merveilles, que l'esprit peut-être ne comprendra pas, mais qui n'en seront pas moins admirables pour tous ceux, qui à l'exemple du vénérable frère Nicaise, les considéreront avec les yeux de la foi. La liste des miracles qu'il doit faire, se trouvent chès la veuve Denis (§§). Le convulsionnaire (*) continuera pour lui ses exercices. Les Dames grosses sont surtout invitées à le venir voir.

(§) Cette plaisanterie n'est point fondée, Mahomet est une de nos excellentes pièces. L'auteur du Pamphlet a tort, à Paris on sacrifie le beau, la vérité & les chef-d'œuvres de l'esprit au plaisir de rire.

(§§) Nièce de M. de Voltaire.

(*) Le Kain acteur outré & très laid.

revenus. Au lit de la mort il nous fit appeller & nous tint ce discours.

La Nature, mes chers enfans, vous a montré sa lumière ; vous n'avés point connu le fanatisme & la superstition que tous les Peuples ont placés à côté de la divinité ; suivés la loi que le Ciel a gravée dans votre cœur & sur tous les climats, aimés tous les hommes ; *avant de faire la moindre action, réfléchissés si vous n'attentés pas au droit de personne, & si quelqu'un vous nuit soïés plus justes & meilleurs que lui.* Il nous embrassa tendrement, & rendit l'âme l'instant d'après.

Nos larmes ne cessèrent de couler : l'image d'*Ariste*, ou plutôt son esprit est toujours avec nous ; nous suivons ses conseils, nous pratiquons l'hospitalité, nous aidons de nos richesses les pauvres de la Paroisse & des environs, nous jouïssons innocemment des bienfaits du Créateur, nous ne faisons aucune mauvaise action, les remords ni le fiel de la superstition ne troublent pas nos plaisirs, nous les goûtons aussi purs que la Nature les a faits. *Emilor*, que j'appellerai dorénavant le Comte de S. *Albin*, s'occupe de l'étude & de la culture de ses Terres.

De-

Depuis la mort d'*Ariste* nous avions écrit pour nous informer des deux filles confiées à deux de ses amis; les recherches de notre Père & les nôtres furent inutiles; ce souvenir alterait notre bonheur: un soir une jeune fille déguenillée vint demander à coucher à la ferme. La Fermière lui trouva des traits si ressemblans aux miens qu'elle en fut frappée; elle accourût m'annoncer cette nouvelle: Madame, me dit-elle, voulés-vous que je vous amène une pauvre fille, qui vous ressemble comme deux goûtes d'eau: est-elle dans le besoin, Marguerite? il faut l'aider, ce château est l'azile des malheureux. La fermière m'amena la fille, je fus émue en la voïant; j'appellai le Comte, il parut aussi agité; d'où êtes vous, dit-il, à cette fille? de S. Quentin: ô Ciel! m'écriai-je, êtes-vous cette Babet confiée au chanoine... Babet interdite demanda d'où je la connaissais. venés m'embrasser, vous étes ma fille, votre figure, votre nom & mon cœur me l'assurent.

Babet, qui ne concevait rien à nos caresses, n'osait trop se livrer au sentiment, qui portait déjà à son cœur. Le Com-

Comte s'apperçut de son embaras, lui demanda si elle n'avait point une croix d'or; ô Ciel, s'écria-t-elle! j'ai cette croix, on m'a dit qu'elle aurait fait un jour ma fortune, ma Mère m'a bien recommandé de la garder précieusement; malgré ma misère je l'ai conservée, grand Dieu se pourrait-il! ah! Madame, quoi une malheureuse fille … Babèt ne pouvait demêler dans ce moment le trouble qui agitait son cœur, elle remit la croix à son Père. Le Comte alla chercher le regître d'*Ariste* & lui montra son article;
,, j'ai remis à mon ami M. . . . . cha-
,, noine de S. Quentin, une fille née
,, dans ma cave; on trouvera cette anec-
,, dote signée de mon nom sur un mor-
,, ceau de velin enchaffé dans une croix
,, d'or, que j'ai remis avec l'enfant".

On brisa la croix; Babèt assurée de sa naissance se livra à la douceur de retrouver un Père, & une Mère; sa figure, ses caresses & son esprit flâtèrent notre amour-propre: ma fille était de ma taille: je lui fis donner des habits, elle nous parut ravissante sous sa nouvelle parure; le Comte ne cessait de la regarder, il retrouvait dans ses traits l'expression

fion de ceux, qui l'avaient captivé dans mon Printems. Nous demandâmes à notre fille l'histoire de sa vie, elle rougit, se tut un moment, puis elle nous dit: si les faiblesses de l'amour sont capables de déshonorer votre sang, plaignés-vous au Ciel de m'avoir donné le jour; je n'ai suivi que les tranquiles impressions de ce Dieu, le mauvais exemple & le libertinage ont entourré mon berceau; mes premiers soupirs ont été des crimes amoureux & le naufrage de mon innocence le moment le plus délicieux de ma vie.

Le feu de la vertu, semblable au feu superstitieux de Vesta, m'a paru allumé par la politique; j'ai vu l'inutilité d'entretenir sa flamme aussi-tôt que j'ai connu les hommes; le desir & l'empressement qu'ils ont marqué à l'éteindre dans mon cœur m'ont fait croire qu'elle n'était rien. Les assemblées, les tête-à-tête, les promenades, les carosses publics, les grands chemins, par tout où j'ai trouvé des hommes, j'ai rencontré des ennemis de ma vertu. Pouvais-je rougir seule des faiblesses de l'humanité & trouver la vertu aimable, quand mille ravisseurs déclamaient

maient contre elle, elle ma paru plutôt une indisposition de l'ame qu'un bien réel & comment pouvais-je sans stupidité la préférer à l'instinct naturel du plaisir? après ce début, ma fille nous raconta son Histoire.

HISTOIRE

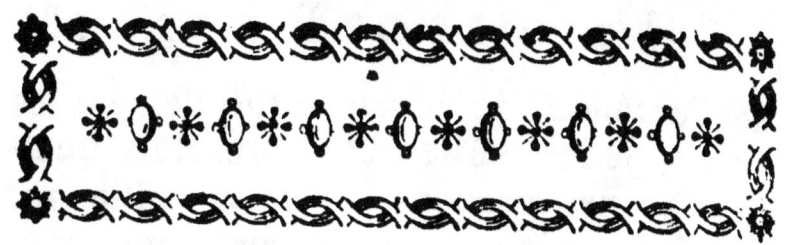

HISTOIRE DE BABET.

JE fus élevée par un chanoine de S. Quentin & par sa gouvernante que je crus mes Père & Mère. J'étais la plus belle fille de la Ville. Le chanoine dans la crainte que ses confrères ne s'amourachassent de moi, me fit nommer Férie; il s'imaginait que ce nom leur aurait fait horreur, à cause qu'ils n'aiment point la férie, office qui les tient trop lon-tems au chœur. Cette platitude de mon Père n'empécha pas ces Messieurs de m'aimer; une Férie coëffée comme moi ne les effrayait point.

MON Père mourût; sa veuve, pour entretenir ses vieilles habitudes avec le Chapitre, se mit à vendre du vin; sa maison devint leur cabaret; élevée avec eux

dès

dès l'enfance, je devais naturellement les aimer, je les haïssais & je préferais quelques jeunes garçons de mon voisinage. A peine eus-je un peu de gorge que mes Amans me la prenaïent; elle a crû dans leurs mains, comme la rose s'épanouit aux larmes humides de l'aurore. Ma Mère était une bonne picarde, elle criait lors qu'on me chiffonnait, Messieurs, ne passés point la croix. J'avais une petite croix d'or, elle pendait un peu plus bas que ma gorge; c'était les limites qu'elle avait prescrites à la pétulance de mes amans.

Un jeune peintre me plût, il possédait les bonnes graces de ma Mère; je n'osai le rendre heureux, ma Mère m'avait toujours recommandé de ne jamais permettre d'aller plus loin que ma croix: si tu t'avises, me disait-elle, de laisser toucher un quart de doigt plus bas, le Diable te tordera le col. La crainte du Diable est toute la religion qu'on nous inspire dans notre Province; j'avais peur de lui, j'aimais le peintre; j'étudiai les moyens de tromper le premier.

Pour dépaïser l'esprit malin, je m'avisai un soir d'attacher ma croix à un si

long

long ruban qu'elle pendait prèsque sur les boucles de mes souliers. Mon amant fut surpris de ne plus trouver la résistance ordinaire ; je livrai à sa volonté ce que j'avais défendu vaillament. La timidité l'empécha de profiter de l'heure du berger.

Un soir un Abbé amena un jeune officier, ma figure plût au dernier. L'habit du militaire & ses graces me flâtèrent davantage que l'air lugubre d'une soutane & les cheveux courts d'un tonsuré. L'officier, voïant prendre au jeune Abbé certaines libertés gallicanes, était trop galant homme, trop susceptible du bon exemple pour ne pas l'imiter ; il vint me carèsser, je répondis à ses caresses avec une volupté que je n'avais pas encore sentie ; je lui dis à l'oreille de venir souvent à la maison ; il me promit de revenir aussitôt qu'il serait débarassé de son Compagnon : ne manqués pas, lui dis-je, j'irai mettre mon grand ruban. Ces Messieurs partirent ; une heure après l'officier revint, j'avais mis mon grand ruban.

Le Militaire ne plaisait point à ma Mère ; elle craignait qu'il n'écartât ses
pra-

pratique, elle avait raiſon, le hauſſe-col & le petit colet ne militent point enſemble. Nous cherchions les moïens d'être un moment libres, ma Mère ne nous quittait point; je me creuſais la tête pour trouver l'occaſion d'être ſeule avec mon nouvel amant, heureuſement j'entendis crier la lanterne magique. Je demandai à ma bonne Mère ſi elle avait vû cette curioſité; non, dépuis long-tems je déſire de la voir. Mon amant fit appeller le Savoyard, il entra, on éteignit les chandeles, le ramoneur montra ſa curioſité.

Ma Mère, les yeux collés ſur les beautés de la lanterne magique, nous laiſſa le loiſir de ſatisfaire à l'aiſe notre paſſion, & dans le moment que le Savoyard criait dans ſon baragouin: *eh voiés vous le Roi Salomon avec ſon nez à pain de ſucre & ſes cheveux couleur de poil de carotte?* dans ce moment, dis-je, je perdis mon pucelage. Jamais fille ne le perdit avec tant de plaiſir. L'officier enchanté, admirait mon induſtrie.

Les généroſités de mon amant gagnèrent l'amitié de ma Mère; elle enferma le loup dans la bergerie, lui donna une cham-

chambre dans la maison, nous vécûmes deux mois ensemble. Le tems d'entrer en Campagne étant arrivé, Du Péronville ne pouvait s'arracher de mes bras, la bonté de mon cœur, mes caresses toujours renaissantes, mon imagination occupée de lui rendre les plaisirs toujours nouveaux, l'avaient fixé. Pour me ravir aux vœux du clergé, il me proposa de me mener en campagne, j'acceptai la proposition. Nous partîmes un matin de S. Quentin & nous arrivâmes le même jour à Bouchain.

La femme de l'auberge voiant descendre un jeune Officier & une petite fille, mise en simple bourgeoise, demande à mon amant comment il comptait s'arranger pour le coucher? dans un lit, lui dit-il; avec qui s'il vous plait? plaisante question, avec ma femme? quoi cette petite fille! comment petite fille, repondis-je à l'hôtesse d'un ton un peu haut, vous êtes une insolente de me traiter de petite fille, je suis bien pour vous la femme de Monsieur? oui cela peut-être pour quelques nuits. Mon prétendu Mari fit tapage, l'hôtesse ne s'en épouvanta point & nous dit d'un grand sens froid: M. le Capi-

Capitaine foutenés votre jeuneffe, on peut accomoder la chofe; Madame votre Epoufe couchera dans une chambre fur le devant & vous dans l'appartement fur la cour, vous n'aurés pas peur de vous échauder, cet arrangement vous plait-il?

CETTE femme était impertinente de féparer ce que l'amour avait joint; elle croïait fans doute, qu'un Curé de village valait mieux qu'un Dieu pour unir les cœurs; les Flamandes ont des préjugés. Nous fortîmes de cette Auberge, nous allâmes dans une autre, ce fut la même fcène; nous parcourûmes toutes celles de ce maudit Bouchain, pas un hôte ne voulût me laiffer coucher avec mon Mari; nous fûmes obligés à la fin de prendre deux logemens différens.

Nous arrivâmes le lendemain à Mons, la chaife m'avait fatiguée; mon amant pour me mener plus doucement la troqua contre une autre, garnie de deux bons matelats. Nous nous mîmes entre deux draps dans cette voiture commode & nous partîmes pour Bruxelles. La douce agitation de la berline nous excitait au plaifir, je voïageais dans les bras de mon amant;

amant ; qu'ils étaient délicieux ! mon cœur tendrement agité semblait s'avancer sur mes lèvres ; les fonctions de mon âme étaient suspendues pour laisser à mes sens savourer la volupté. Un sommeil tendre & tranquile succédait à ces ravissemens. Un rêve aussi séduisant que le plaisir que j'avais goûté continuait d'enchaîner mon âme & le reveil me replongeait dans une nouvelle mèr de délices.

A cinq heures nous fûmes à Bruxelles ; mon amant rempli de sa passion ne songeait pas que nous étions déja dans cette ville. Dans le milieu d'une rue, il se mit encore à me donner des preuves de sa tendresse, nous fûmes pris en flagrant-délit ; notre Postillon, obligé de détourner pour un enterrement, qui avançait de notre côté, passa sur des pierres amoncelées dans un endroit où l'on pavait ; la vitesse dont nous allions, le choc que notre vieille berline donna en retombant, brisa le train de devant, l'impériale se démonta & le suivit ; les couvertures s'en allèrent de compagnie, mon jupon d'étamine tomba d'un côté, mes souliers plats de l'autre & le chevalier se trouva sur moi avec le derrière en l'air.

L'ac-

L'ACCIDENT arriva ſi ſubitement que nous nous trouvâmes ſans le ſavoir en face de l'enterrement; le tableau & un cri que je jettai excitèrent les ris des ſpectateurs. Le valet du chevalier vint heureuſement à notre ſecours, il jetta les couvertures ſur nous. Mon amant impatient ſe leva, prit ſa robbe de chambre, ſauta à Terre en demandant où était l'auberge; il s'en trouvait une heureuſement à deux pas, il me fit tranſporter enveloppée dans les matelats.

DEUX Officiers de la connaiſſance du chevalier s'étaient avancés aux huées de la populace, ils reconnûrent leur ami: ah bonjour notre cher! ſois le bien arrivé, tes malheurs découvrent tes bonnes fortunes? Dupéronville fut déſeſperé de cette rencontre: mes ſouliers plats & mon petit jupon mince occaſionnèrent mille impertinences, que ces Meſſieurs débitèrent avec la volubilité d'un gaſcon; il nous parait, chevalier, que tu n'ès pas tracaſſier ſur la chauſſure, voilà qui eſt élégant ... Ta Nymphe eſt de bonne acabit, tu trouves les bonnes fortunes ſur les grands chemins comme les pierres ... Fais-nous voir ton adorable!

ble! Dupéronville, diftrait par les ordres qu'il donnait, ou peut être encore étourdi de l'avanture, n'écoutait pas leurs propos. Comme il retournait à l'auberge, un des Officiers prit mon petit jupon au bout de fa canne & criait dans la rue! Chevalier, voilà le jupon de ta belle! garde-toi de le chiffonner, plie cela proprement... tu donnes furieufement dans les décorations!

Ces Meffieurs vinrent à l'auberge, voulûrent me voir; mon amant m'avait enfermée dans une chambre, il s'oppofa à leurs efforts, ils recommencèrent les plaifanteries: comment, mon cher, tu priveras cruellement nos yeux du fpectacle de ta belle? riés, Meffieurs, donnés carrière à votre belle imagination, vous êtes des crânes, vous perfifiés, vous vexés les gens fans favoir comment ni pourquoi, fi vous connaiffiés la Dame.... ah! Chevalier nous avons vû fon jupon, le goût eft divin, nous fommes perfuadés que quelque magicien de tes ennemis aura métamorphofé ta Dulcinée, comme celle du chevalier de la Manche... allons, fais donc les chofes généreufement; montre-nous cette divine Princeffe du Tobofo. Les

Les sarcasmes ne finissaient pas; ces plaisanteries allaient peut-etre se terminer par se couper la gorge; il faut peu de chose pour échauffer notre jeunesse pétulante. Dupéronville prit le parti de plaisanter avec ses camarades: oui, Messieurs, vous êtes connaisseurs, c'est une fille que j'ai trouvée sur le grand chemin, venés en prendre votre part ce soir; je vous prie au souper.

Les Officiers sortis, mon amant envoia chercher une marchande de mode; à moins de deux heures, elle trouva ce qu'il fallait pour m'habiller. Le chevalier fut surpris des graces que la parure me donnait. L'heure de souper vint, ses amis se firent annoncer; mon amant alla à leur rencontre & leur dit d'un ton plaisant: j'ai vaincu enfin le Parafaragaramus qui enchantait ma Maîtresse; vous allés la voir dans tout son éclat: avant il faut vous avertir que le malheureux magicien vous en voulait à cause de notre amitié; il a fait avec moi le marché de Sancho, ils vous en coutera cinq cens coups d'étrivières: j'ai marchandé; ma tendresse ni mon éloquence n'ont pu rien diminuer, le sorcier est un possedé; il n'a

n'a qu'un mot ; mais deux cent cinquan-
coups d'etrivières à chacun, quelle misère ! vous êtes trop généreux, trop ga-
lans pour refuser votre derrière à une
Princesse infortunée : après beaucoup de
plaisanteries, le Chevalier me présenta à
ses amis, ils furent éblouis de ma figure.
J'avais un négligé couleur de rose, garni
de Blondes ; il m'allait à merveilles.

Ces Messieurs firent des complimens à
Dupéronville sur sa conquête, me dirent
mille jolies choses & avaient bien envie
de m'en faire, si j'avais été disposée à les
recevoir. Le souper se passa gaiement,
j'eus toute la table plus d'esprit qu'à mon
ordinaire ; quand une femme a de la figure, elle n'a pas besoin d'un grand génie pour plaire aux hommes. Nous restâmes dix jours à Bruxelles. Dupéronville
me mena à l'Armée, où j'arrivai habillée
en homme.

Je m'amusai au Camp, rien ne nous
manquait, notre Armée était à croquer,
les Officiers étaient charmants, ils rai-
sonnaient profondément sur la frisure en
aile de pigeon, le crêpé & les filles de la
Montignies. Ils étaient partis dans le dessein d'aller déjeûner en Prusse : à peine
fu-

furent-ils arrivés à Gueldres, à Clèves qu'ils demandaient où était la porte de Berlin! cette fantaisie d'aller déjeûner si loin leur a duré cinq à six ans & depuis cette envie leur a passé.

Nous avions à l'Armée tous les secours, qui mènent à la gloire & à la vertu. Les livres ne nous manquaient point; mon amant avait une bibliothèque choisie; nous puisions dans les bonnes sources, nous avions Thérèse Philosophe (*), la Pucelle, le Sopha, Dom Loiola, le Portier des chartreux, l'Alosia, le Prince Apprius, Margot la ravaudeuse, le Pénitent converti, la Comtesse d'Olonne, l'Ode à Priape & l'Epître à Uranie, le Saint Catéchisme de cette jeunesse dissipée.

La lecture de ces brochures entretenait un feu avide dans notre âme; nous répétions avec le Chevalier les tableaux, les attitudes que nous trouvions dans ces livres; nos plaisirs, variés sur ceux que les autres avaient peints dans ces ouvrages, nous les rendaient toujours nouveaux;

(*) Mauvaise rapsodie fort mal écrite.

veaux ; nous trouvions mauſſades & vilains ces bourgeois unis, qui font naturellement des Enfans à leurs femmes, comme un Boulanger fait un Pain.

L'amour n'eſt que dans l'imagination, la répétition des actes amoureux émouſſe le plaiſir. Loin de condamner des livres ſi utiles à l'humanité, les gens mariés devroient en nourrir leur eſprit, l'imagination les féconderait mieux, ſouvent l'indécence d'une peinture ouvre des valvules, qui ne ſe feraient jamais ouvertes ſans l'impreſſion de l'image. Ce qui anime la Nature doit être cher aux hommes ; ſi l'imagination de voir des Houris aux yeux bleux dans le Paradis de Mahomet, engage certains Derviches a mener une vie ſi auſtère ; que ne doivent pas faire ſur l'eſprit & ſur le cœur, des tableaux plus délicieux que des yeux bleux, qui ne ſont que les promeſſes d'une vie future.

Les dangers, auſquels j'étais expoſée à l'Armée, la foibleſſe de ma ſanté, ma groſſeſſe qui avançait, obligèrent Dupéronville à m'envoïer le reſte de la Campagne à Louvain, où j'accouchai, avant terme, d'un enfant mort : dès que je fus ré-

rétablie, je fis la connaissance d'un étudiant, qui venait boire dans mon auberge.

L'ÉTUDIANT était un sot, comme le sont tous les écoliers de Louvain; il fut quinze jours à me rendre des soins, sans avoir la moindre idée d'être un peu entreprenant; j'eus beau me décolter, affecter des airs panchés, ces dépenses ne me conciliaient pas la bienveillance de mon benêt d'amoureux; ses entretiens roulaient toujours sur sa famille, dont il disait tout le bien possible; sa maraine faisait de grandes charités aux Capucins, son Père avait acheté une maison dans la petite rue des longs chariots à Bruxelles. Il savait son catéchisme comme un Maître de pension, me parlait sans cesse d'Aristote, voulait m'apprendre le latin; les premiers mots qu'il m'apprit, furent *vis ne accipere aquam thé*, il m'assurait sur sa conscience que cela voulait dire: *voulés-vous prendre du thé.*

DEPUIS un mois que ses conversations me rafraichissaient, je n'avais point désespéré de vaincre l'innocence de mon amant; sa figure était platte, mais elle me plaisait. Un matin que ses mains étaient

taient engourdies de froid, je les rechauffais dans les miennes & pour dégeler plutôt la totalité de mon amoureux, j'en pofai une fur ma gorge, il la retira fubitement, fit un figne de croix, ôta fon chapeau fe mit à genoux & récita tout haut une oraifon à fon Ange Gardien. Cette fimplicité me fit rire, je ne penfais pas qu'il devait tant intéreffer fon bon Ange pour avoir éfleuré fi légérement une belle gorge; voulant le tranquilifer fur le chapitre de fon Ange Gardien; je lui dis que ces petites mifères n'étaient point des crîmes, il ne voulut point m'entendre, il courut tremper fes mains dans l'eau benite.

Ce nigaud fut remplacé heureufement par un jeune employé. Du premier coup d'œil il vit que j'étais une fille du monde; un foir il m'aborda & me dit d'un ton refpectueux: une femme de condition, Madame, doit bien s'ennuïer dans un païs latin, quel féjour! pour diffiper les inquiétudes que donne un Mari au fervice, je ferais flâté de vous faire ma cour; je voulus foutenir la grandeur que fa malice m'avait prodiguée, le drôle m'avait tendu le piège avec trop d'adreffe dreſſe pour que je ne fuſſe pas priſe. Sans me fatiguer en complimens, je le fis monter chès moi, il ne tarda point à devenir entreprenant ; je ne fis point d'efforts, j'ai l'âme bonne, je ne ſonnai pas, je n'appellai point mes femmes; ces finiſſés donc.... l'honneur.... comment vous êtes dangereux... pour qui me prenés-vous ! une femme de ma condition... j'aurais pû articuler ces phraſes, les préliminaires me parûrent inutiles, il y a trop de vuide dans ce verbiage, on ne s'en ſert que pour avoir une contenance & cela nous tient lieu d'une vertu qui s'échappe. Je ne voulais point auſſi reculer un inſtant que j'enviais, j'avais pour principe que le plaiſir eſt trop délectable pour être l'auteur du déshonneur.

L'ÉTUDIANT, choqué des viſites de l'employé, prit de l'humeur comme un grand-garçon. Un jour ſans faire attention aux égards qu'il me devait, il entra bruſquement chès moi, les deux poings ſur les hanches & le nez en l'air, il dit à l'employé: vous êtes un manan, Monſieur, de venir chès les Dames quand les autres y ſont avant vous; que veut dire ce ce Greluchon, répondit mon amant? je ne suis pas un Greluchon, je suis Monsieur Vander Gromac, fils de Monsieur le conseiller Vander Gromac: eh bien Monsieur Vander Gromac, fils de M. Vander Gromac allés-vous en faire.... savés-vous, repartit l'écoliér que mon Père a le bras long? tant mieux il torchera plus aisément son derrière; savés-vous que ma chère Mère est parente à M. l'Aman de notre ville & que vous êtes un coquin. L'employé perdit patience rit l'Etudiant & le jetta par la fenêtre.

Cette chûte heureusement ne fut pas mortelle: le fils de M. le conseiller Vander Gromac en fut quitte pour une jambe, deux bras cassés & l'opération du trépan. Les amis du jeune homme portèrent des plaintes contre cette violence, l'Employé fut obligé de se sauver. Comme je n'étais point coupable le Recteur de l'université de Louvain se contenta de me notter d'infamie & fit défendre ma maison aux étudians. Je fus surprise que les prêtres de Louvain mettaient ainsi mes charmes en *index*. Je croiais qu'il n'était pas permis d'afficher

&

& de déshonorer publiquement son prochain; je ne connaissais pas les privilèges de l'université de Louvain.

Quelques mois après j'entendis le canon & le son des trompettes, je me mis à la fenêtre, je vis passer un triomphe de collège; je fus singulièrement étonnée quand je vis que ce charivari se faisait pour M. Vander Gromac; il jetta les yeux sur moi, m'honora d'un grand signe de croix. Je demandai à mon hôtesse: que signifiait ce carnaval. C'est la cérémonie du premier de Louvain. M. Vander Gromac a mérité ces honneurs à cause de son grand esprit (*).

(*) L'université de Louvain, où l'on enseigne encore la mauvaise logique d'Aristote, donne tous les ans quelques misérables questions à expliquer à des écoliers choisis dans ses collèges. Celui, qui fait mieux la tâche, est le premier. On le promène dans les rues comme le bœuf gras; il est précédé de trompettes, & de timbales & d'une cavalcade d'écoliers embellie de romarins. On le conduit ainsi dans la ville de sa naissance, suivi de six benêts de professeurs, que l'envie de boire & de manger conduit à sa suite; on le reçoit au bruit du canon, la ville lui fait présent d'un surtout de vermeil, sa maison est illuminée pendant trois jours & décorée de chro-

DUPERONVILLE revint de campagne; à peine fut-il au faubourg de Louvain qu'il fut informé de ma conduite éclatante, il vint me la reprocher & m'abandonna le même inſtant. Ce caprice était original : le Chevalier avait tort, pourquoi laiſſait-il une jeune perſonne à elle-même? il connaiſſait la bonne trempe de mon âme, les amans ſont cruels de vouloir que nous ne ſoyons libertines que pour eux. Le mien était attaché à moi par le plaiſir; croïait-il cette chaîne aſſés forte pour ſoutenir quatre mois d'abſence? il ſera permis aux Hommes de faire des Maîtreſſes, nous ne pourrons faire des amans? la Nature & mon cœur ne me gênaient point, je n'écoutai qu'eux.

JE

nographes, où il n'y a point de ſens commun. Malgré ce carillon le premier n'eſt jamais qu'un ſot, temoin M. vander Gromac; on eſt ſi lumineux, ſi conſequent, ſi éclairé dans le païs de Louvain, Bruxelles, Liege & la Ban-lieue; qu'on ne ſait point encore à quoi s'en tenir ſur l'eſſence d'un premier de Louvain. Chaque année l'univerſité en fournit un, il y en a au moins ſoixante dans le païs & ces premiers depuis l'établiſſement de l'univerſité n'ont pas encore produit un Livre, ni rien qui puiſſe paſſer à l'immortalité.

Je n'avais d'autre parti à prendre que de rétourner à S. Quentin. Je paſſai à Bruxelles, je logeai à l'Hôtel du Miroir; un vieux Officier du regiment de Los Rios en garniſon dans cette ville, m'offrit ſa bourſe & ſon cœur; je n'avais d'autres reſſources, je profitai de ſes bontés.

A l'encolure de mon bon Homme, à ſa mine étique, je vis bien que la décoration de mon grand ruban était inutile. Mon vieux ſe mit en quatre pour me donner des ſignes de ſa tendreſſe, ſon eſprit ne pouvait s'ouvrir; il ne l'avait cependant point dur, mais l'âge avait un peu brouillé ſa conception: Ciel, diſait-il, il était dévot, ſi je pouvais lui . . . . je promets vingt M. . . . . es . . . aux trépaſſés, malgré ſon vœu & peut-être l'image de l'ex-voto qu'il aurait fait peindre, il ne put rien, exactement rien. Pour pallier ſon impuiſſance, il me promit des merveilles pour le lendemain, il ſe prépara la veille par des reſtaurans, le matin par trois taſſes de cocholat; à quatre heures après midi, moment de l'exécution, il fallut monter ſur le lit de douleur.

Mon Athelète fit de grands efforts &
ne

ne fit rien; il me berça d'hiſtoires & de contes d'aiguillettes (*): c'était un bon flamand, il croïait encore aux ſorciers & a bien d'autres choſes; ſon impuiſſance m'indiſpoſa. Les femmes par une fureur inconcevable de parler, diſent que la bagatelle n'eſt pas ce qui les occupe; à les croire elles préfèrent la ſageſſe & la tranquilité d'un amant; les femmes mentent, mon vieillard était ſage & tranquile, me faiſait du bien; je le haïſſais, cette froideur était le langage de la Nature.

J'ETAIS, comme Suſanne, tentée par les vieillards: un vieux major de la citadelle de Lille s'amouracha de moi; il était français me parla avec tant d'amitié & de bon ſens qu'il gagna mon cœur; je le ſuivis à Lille, où un rhume dangereux l'obligea de ſe mettre au lit. Il fut

ſix

(*) Le ſecrèt de nouër l'Aiguillette, dont les anciens ont fait tant de bruit, étaſt, dit on, très naturel; on s'arrangeait avec le tailleur qui faiſait les habits de nôces de celui qu'on voulait plaiſanter, on mettait du Camphre le long de la ceinture de la culotte entre l'étoffe & la doublure. Cette gomme produiſait l'impuiſſance; *credat judeus.*

six semaines malade, je lui donnai des soins inexprimables; de tous mes amans, c'est celui que j'ai le plus aimé. Malgré mes soins le Major mourut; au lit de la mort il me dit: ma chère Babèt, je veux vous donner des conseils, vous êtes jolie, vous êtes jeune, vous pouvés tomber en de mauvaises mains & sans expérience être dupe de votre bon cœur. Votre caractère, aisé à connaître, est un fond de bonté de complaisance & de sensibilité, qui ne vous permet point de refuser personne; vous proposer de prendre actuellement un mari, le mariage n'est pas une chaîne assés forte pour retenir la violence de votre tempérament, il faut que la nature ait son cours, que l'âge mûrisse votre cœur. Je vous conseille de vous placer à la comédie: les tracasseries du théatre, la multitude des amans vous excéderont, ce n'est que par l'excès que vous apprendrés à roidir votre cœur, voilà une bourse de deux cent Louis, une Montre d'or & deux Diamans c'est tout mon bien, je vous le donne.

J'embrassai les yeux mouillés mon bienfaiteur, je refusai ses présens, il me força de les prendre. Ce bon militaire

ôta

ôta son bonnèt; lévant les mains au Ciel il fit cette priere. O toi! qui es tout ce qui n'est point matière! Etre pour qui mon cœur à toujours été rempli du plus profond respect, tu m'as fait, je ne cherche point à pénétrer les raisons qui t'ont porté à former des créatures qui sentent, que tu as rendues capables de te connaître & que tu prives après de l'éxistence. Ma longue carrière est l'effet de cette cause prémière, qui anima l'univers. Le Cèdre, qui résiste plus lontems que la Rose est ton ouvrage comme elle & si l'une tombe devant l'autre, c'est un ordre de ta volonté. Je vois le dernier instant de ma vie comme le dernier moment d'un beau jour, qui à commencé pour finir. Si tu demandes à l'homme un compte exact de ses actions; j'ai respecté les êtres formés à mon image, je les ai aimés parceque tu les aimais.

Mon amant ayant fini sa prière expira; mes cris firent accourir la maison; j'etais collée sur le cadavre, je l'arosais de mes larmes, je baisais son sein, je semblais embrasser sa belle âme, qui venait d'en sortir; jamais mon cœur n'avait été si sensible & si tendre; on voulait m'arraracher de mon ami, les efforts furent lon-tems inutiles, je ne pouvais m'éloigner des restes d'un homme dont le cœur était si admirable.

Je songeai à profiter des bons conseils de mon vieux militaire. Je fis venir un Maître de danse; c'était un jeune Homme fort sot, plein de fatuité & d'amour propre; il fut ému en me voïant, je sentis pour lui une horreur que les hommes ne m'avaient point encore inspirée; son air suffisant me choquait, cet air ne va pas à certaines gens, il allait au plus mal à M. l'Entrechat. Cet Homme, flâté de ma figure, me fit la grace de me dire d'un ton de protection, qu'il déployerait ses talens pour me bien tourner, me donner des attitudes, un port de corps qui feraient plaisir. Nous convînmes de dix écus par mois. M. l'Entrechat me donna leçon.

Messieurs les Maîtres de danse font les faquins & se donnent un ton: celui-ci voulût s'émanciper; je lui dis: Monsieur le marchand de cabrioles, les femmes de condition ne se laissent point patiner par un mâtin comme vous: le compliment l'assomma, mais comme il était sot, il rêrevint bientôt à lui-même, continua sa leçon. A chaque pas il me félicitait, ses complimens étaient auſſi bêtes que lui, l'air avec lequel il les débitait les rendait encore plus mauſſades. La leçon finie il me dit : Madame fera une bonne danſeuſe, les talens de l'art proportionnés à la jambe de Madame & la légèreté de Madame, d'accord avec l'oreille de Madame feront . . . . j'interrompis M. de l'Entrechat, & je lui dis : Madame vous aſſure, Monſieur, que vous êtes un ſot : cela vous plait à dire, c'eſt une grace que Madame me fait, il ſe mit à rire.

Quelques jours après il ſut que je me deſtinais au théatre & s'imaginant qu'un Maître de danſe pouvait aſpirer à la main d'une figurante, il me députa un certain Maître Ambroiſe Tirefort. Cet homme entra chès moi en habit de gala où il paraiſſait fort gêné ; ſes bras, par un certain reſpect pour ſa Caſaque, étaient écartés & un peu en l'air, comme les anſſes d'un pot ; une longue cravate lui pendait ſur les genoux, une perruque poudrée à fond, endimanchait furieuſement ſa perſonne ; on voïait au centre

de

de ce riche gafon, briller la circonférence d'une tonfure, que le fenfible Ambroife avait laiffée, pour conferver le tendre fouvenir du chanoine qui lui avait fait ce préfent.

Maître Ambroife fe fit annoncer pour le Père de M. l'Entrechat; en entrant je lui dis: Monfieur eft-ce que votre fils eft malade? donnés-vous la leçon à fa place? non Madame, je n'ai pas l'honneur d'être Maître de danfe, je fuis le bon homme Ambroife à votre fervice; eh bien Monfieur le bon homme Ambroife à mon fervice, qu'y a-t-il? comme la beauté, Madame, eft une belle chofe & qu'une belle chofe à fon mérite, mon fils amoureux de votre mérite ferait aife de fe marier avec vous, c'eft mon garçon, ce n'eft point qu'il eft mon fils, mais c'eft un efprit énorme; dès l'âge de quatorze ans il danfait comme un Ciceron, favait la mufique comme une peinture; jouäit tout feule fur le violon à livre ouvert des *da capo*. Je fuis perfuadée M. Ambroife des grands talens de M. votre fils & très flatée de l'offre de fa main, je ne veux pas me marier: eft-ce que vous craignés, Madame, d'entrer dans notre famille?
gra-

graces au Seigneur, personne de nos gens n'ont été pendus, je suis connu de nos échevins, c'est moi qui a l'honneur de reparer les brèches de la chaussure humaine: je ne doute pas, M. Ambroise, que je ne fasse une très forte alliance en me jettant dans votre famille, la connaissance de vos échevins (*) me châtouillerait infiniment; mais je ne veux point de mariage. M. Tirefort ne voulut pas trop me presser pour une première Ambassade, il me tira sa révérence; je vis qu'il n'avait point appris à danser.

L'Amour de M. l'Entrechat hâta mes progrès dans l'art de la danse. Cet animal, toujours bercé de l'idée de s'unir à moi, redoublait ses soins. Les mauvais traitemens ne le guérissaient pas de la ma-

(*) Deux savans échevins de cette ville disputaient souvent sur Restaut, Vaugelas & le Dictionnaire après méchant de l'Académie. Un jour s'escrimant dans un caffé sur la pureté de notre langue, l'un dit: quand Louis XIV. *naqua*, l'autre qui croiait mieux savoir le français réprit son camarade & lui dit qu'il fallait dire: quand Louis XIV. *naquut*. Cette dispute fit rire le caffé, depuis les deux échevins lillois n'eurent d'autres noms, que M. Naqua & M. Naquut.

maladie de m'épouser; pour réussir il employa les moïens les plus efficaces à se faire détester: un matin sa mère entra brusquement chès moi, m'aborda d'un air familier & me dit: eh bien! Madame, quand finirés-vous avec notre fils Jacques; comme je ne connaissais pas cette femme, ni le nom de baptême de mon Maître de danse, j'avançai, que dîtes vous ma bonne? bon, bon, Madame, ne faites point la dissimulée, nous savons que vous aimés Jaques: qui est ce Jacques? vous voulés rire, Madame: qui est donc ce Jacques? Voïés... eh Jacques? c'est Jacques que vous savés bien: vous m'impatientés, dites moi donc qui est ce Jacques? c'est notre garçon: & qui est votre garçon? c'est Jacques: eh bien cette bégueule ne s'expliquera-t'elle point, je me mis en colère, enfin après un quart d'heure & mille Jacques répétés, elle me dit que son fils Jacques était mon Maître de danse: non, Madame, lui dis-je alors; je ne veux pas me marier surtout avec votre fils Jacques, sa fatuité m'excède: ah! Madame, il ne faut pas mépriser notre famille, savès-vous que j'ai un cou-

cousin frère recolet (*); c'est mon cousin germain, enfant de Père & de Mère: non, ma bonne je ne vous méprise pas, je ne veux point me marier: j'espère que le ciel vous touchera, notre homme a déjà commencé une neuvaine à notre Dame de la Treille & demain je ferai dire, s'il plait à Dieu, une messe à Monsieur Saint-Antoine: ah! gardés-vous en bien, mille Saint-Antoine ne me forceraient point au mariage: ah! me dit-elle en s'en allant, les Saints sont plus forts que les hommes!

Le lendemain je m'expliquai sérieusement à mon Maître de danse, je lui défendis d'envoier de pareilles Ambassades, que je ne voulais pas me marier, que sa bêtise me le rendait haïssable. Madame, ne vous fâchés point, le cœur vous changera; non assurément, mon cœur s'en gardera. Il me donna leçon, l'après midy mon hôtesse vint m'annoncer avec un air extasié la visite du Provincial des Réco-

(*) Le Peuple en Flandre aime beaucoup les Moines, un cousin frère cuisinier, un portier dans un couvent illustre une famille & rehausse une maison.

colets & du frère Luc, le Cousin à Messieurs Tirefort; ces figures m'ennuièrent pendant deux heures, me parlèrent de l'avantage d'épouser mon Maître de danse & me quittèrent fort mécontens de n'avoir pu réussir.

Deux heures après le départ de ces capuchons, mon Maître de danse, M. Ambroise, Madame Tirefort & Jacquette leur fille entrèrent chès moi. Excédée de ces phisionomies accablantes je païai mon Maître & le priai de sortir à l'instant de chès moi. Comment le révérend Père Provincial, me dit Madame Tirefort, n'a rien gagné sur vous, mon Cousin germain le frère Luc ne vous a point touchée pour Jacques? voilà le premier affront qu'on a fait à des gens comme nous, qui païons le monde . . . . graces au Ciel, nous pouvons aller la tête levée dans tout Lille: allés, Madame, allés lever la tête dans la rue, vous m'anéantissés. Cette femme se mit en colère, me lâcha mille sottises; voilà une petite merde-en-cul qui fait la rencherie; c'était justement pour elle qu'un bon Maître à danser comme notre fils était fait . . . çà contrefait la Madame, c'est peut-être une garce... S'il vous plaît, lui dis-je, ne m'infultés pas chés moi: ne vlà-t-il point un quelque chofe de rare, ne l'infultés pas?... un chien regarde bien un Evêque affis fur fon cul. Sa fille fe mit de la partie: venés voir, criait-elle! ne femble-t'il pas que le Père des filles foit mort? mon frère eft un fot de s'amouracher de cette mi-jaurée, ne vla-t-il pas une belle Madame de brein? cela eft fière comme une lettre de change d'un fol, elle ferait trop honorée d'entrer dans notre famille... Jacques ferait bien avancé avec çà, ce ferait un ménage arrangé comme quatre putains dans un fiacre, ou des coups de poings fur la tête d'une gueufe.

Le lendemain de cette belle fcène je me préfentai à la comédie où je fus reçue pour figurante. Je changeai de logement; en entrant dans ma nouvelle demeure, on me remit une lettre cachetée de noir, le papier était orné d'une bordure de la même couleur. Le porteur attendait la réponfe; je lus.

MADAME.

„ Tantôt je veux me jetter dans la
„ rivière, tantôt dans un puit, l'inſtant
„ d'après terminer ma carrière par un
„ coup de piſtolet. Après les plus bel-
„ les combinaiſons, je ſuis déterminé à
„ me pendre ce ſoir vis à-vis de vos fe-
„ nêtres. Le jour tombe, je vous prie
„ de m'envoier votre déſeſpoir couleur
„ de roſe. Je me recommande à vos priè-
„ res. Je ſuis votre tendre amant, le
„ déſeſperé feu Jacques Tirefort de l'En-
„ trechat.

La miſſive m'impatienta & me fit rire, je remis au porteur une corde, qui avait ſervi à lier mes coffres; elle me ſembla propre à l'uſage que voulait en faire mon Maître de danſe. Je chargeai le commiſſionnaire de lui dire que le Sacrifice me ferait agréable, que je le priais d'en hâter l'exécution & que j'attendais avec impatience d'être débaraſſée de ſes pourſuites.

Je figurai depuis huit jours avec l'applaudiſſement du public. Un Officier, dont je fis la conquête, me mit dans un état pitoïable. Je confiai ma ſituation à une actrice, elle porta un froid mortel dans mon âme, lorsqu'elle m'apprit la nature de mon mal. Je n'avais encore cueilli que les roses d'Amathonte ; le chien-dent, le poison & le verd de gris étoient au fond de la boëte à Pandore.

Mon début m'avait attiré quantité de soupirans ; je refusai les avantages qu'ils voulaient me faire & dans la crainte de leur communiquer mon mal, je bornai mes faveurs aux nouvelles à la main. J'acquis tant de réputation dans ce métier, qu'à un écu par tête, je gagnai deux cent livres par jour. Mon bureau s'ouvrait à dix heures du matin, se fermait à quatre ; après la comédie, j'allais en ville, où j'avais des pratiques à un louis. J'amassai trente mille livres dans huit mois.

Mes compagnes s'apperçûrent de mon commerce ; elles s'ingérèrent d'avoir aussi des bureaux : comme le Soleil luit pour tout le monde, elles m'enlevèrent des pratiques. Ma fatale maladie commençait à m'altérer le teint. Je partis pour Paris, où dans six semaines, je fus guérie radicalement.

J'étois logée à l'Hôtel d'Harcourt rue

de la Harpe; un Poëte y occupait un cabinet qui touchait au grénier. Cet Homme devint subitement amoureux, il me crut une vestale; comme la place vaquait, en attendant, je m'amusai du rimeur; il vint me déclarer poëtiquement sa passion par ces vers d'Orosmane à Zaïre.

Je sais vous estimer autant que je vous aime
Et sur votre vertu me fier à vous même.

M. de l'Hiatus avait tort de se fier à ma vertu; ces Messieurs peignent toujours en grand les petites choses; je crus qu'il ne fallait point démentir le Parnasse. Je fis quelque tems la sévère. L'auteur composa des logogryphes sur mon nom Férie, mit tous mes charmes en chanson la plupart sur l'air, *le Monde pue comme carogne; il n'y a que mon J***. qui ait l'odeur bonne.* Dans les pièces qu'il composait en mon honneur & gloire, j'avais toujours la fraîcheur du matin, l'éclat de l'Aurore, la blancheur du jasmin; il fourait dans ses complimens je ne sais combien de Dieux & de Déesses, qu'il apoftrofait exprès, difait-il, pour me rendre plus belle. Cet animal m'amufait; pour couronner fes bouts-rimés, je confentis à lui accorder ce qu'il me demandait depuis fi lon-tems en vers & en profe. Quand il vint au denouement, il me fit peur; je crus qu'il allait m'exorcifer; il s'avifa étant fur ma bergère d'élever les yeux & les mains au Ciel en s'écriant avec enthoufiafme: Dieux enyvrésvous de votre nectar! mais jaloufés mon bonheur; vous n'êtes point auffi heureux que moi; ne m'offrés point vôtre coupe facrée, je vais boire dans une coupe enchantée préférable à la vôtre.

Ce galimathias irrita fans doute les Dieux, mon Poëte ne put rien faire, il avait l'air d'un énergumène qui cherche une rime. Fatiguée de fes efforts humilians, je me levai, il fe jetta à mes genoux & me dit: ma chère Babèt n'attribués pas au défaut de ma flamme l'état impuiffant où je viens de me trouver, le Ténare, ou plutôt la chafte Minerve a rendu mes efforts inutiles; il a fallu fans doute toute la puiffance des Dieux pour produire une chûte auffi éclatante; ah Déeffe! reprens ta vertu & laiffe-moi mes plaifirs!   APRES

APRES cette tirade poëtique, je demandai à l'Auteur s'il avait dîné; il détourna d'abord la queſtion & m'avoua enfin qu'il n'avait point mangé depuis deux jours: eh! ne criés donc pas tant contre les Dieux; dans les combats de l'amour les eſtomachs à jeun ne réuſſiſſent pas, je fis apporterr à dîner, je donnai ma table au Poëte & dès qu'il eut pris de bonnes nourritures, il fut un Hercule.

JE fis la conquête de la toiſon d'or par la connoiſſance d'un Fermier général. Une pourvoïeuſe me préſenta au publicain; il prit feu en me voïant: Maman, dit-il, à ſon intèndante, cette fille eſt de mon goût; Mademoiſelle, je vous prens à bail, comme les fermes du Roi. Le créſus me fit monter dans ſa voiture, me conduiſit dans une petite maiſon agréable; nous ſoupâmes voluptueuſement: le lendemain il me combla de préſens, de bijoux, j'eus un équipage galant, des laquais & une maiſon parfaitement montée.

J'IGNORAIS encore l'être de mon nouvel amant; je ne pouvais comprendre comment un homme était aſſès ſot de faire tant de dépenſes pour une choſe dont je n'avais jamais fait de cas; je demandai à mon laquais, si cet homme n'était pas l'Empereur des Turcs? non, Madame, il n'est ni Turc ni Chrétien, c'est un Fermier général: qu'est-ce qu'un Fermier général? c'est une machine lourdement organisée, qui contente ses caprices parce qu'elle à de l'or. Ces Seigneurs sont ordinairement des faquins; ils ont commencé comme moi. Comme je ne connaissais pas les fermes du Roi, je demandai ce que c'était que les fermes? c'est un bail où le Souverain met soixante voleurs dans l'impuissance d'être jamais d'honnêtes gens.

Je restai deux mois avec le veau d'or; le veau s'avisa de mourir, il me laissa une maison & de l'argent: je me trouvai avec cent cinquante mille livres sans compter ma garderobbe & mes bijoux qui en valaient davantage. Je me disposais d'aller dans mon Païs faire le bonheur d'un galant Homme, quand je m'amourachai du plus indigne des mortels.

Le fils d'un manan de picardie allié à tous les gredins de sa paroisse, me fit la Cour. Cet homme était aussi ambitieux qu'un qu'un gentilhomme de la Westphalie ; il avait trouvé sur un grand chemin une bourse de cinq cens Louis, était venu à Versailles, s'était donné pour un gentilhomme picard, avait été reçu, on ne sait trop comment, chès les gardes du Roi & quinze jours après chassé ignominieusement de ce corps pour lui en avoir imposé. La figure de M. Berlingoville m'intéressa, il me proposa sa main, se masqua tellement que je crus avoir trouvé une merveille ; je l'épousai : le lendemain de notre mariage il me développa son joli caractère.

Mon mari aimait le jeu, chaque jour il portait mes fonds dans quelques tripots ; trop jeune encore pour m'occuper de l'avenir, trop faible pour me roidir contre son air hautain, je le laissais prodiguer tranquillement un bien amassé sans peine.

Un soir qu'il était au jeu on m'annonça une femme qui voulait parler à son fils Pierrot ; je démêlai dans son air rembruni quelques traits de mon gentilhomme Picard. Je fus bientôt confirmée dans mes soupçons par la surprise que lui occasionna le portrait de mon mari ; elle se tourna vers son fils & sa fille qui la suivoient & leur dit: mes enfans voilà Pierrot! avancés Jean, regardés Monsieur ton Frère: ma Mère, répondit le garçon tout ébaubi, qu'il est brave!

Ma belle Mère avait un Jupon bigaré de verd & de jaune, un Corset rouge, les manches d'une autre couleur; sa fille avait à peu près le même uniforme, le garçon était en veste & en guêtres. La bonne femme me dit: vous êtes donc notte fille, cette riche Madame que Pierrot a épousée! la fille venait admirer mes garnitures & s'écriait: mon Dieu *vlà enn' saquoi de biau!* le garçon me prenait la main, la maniait rudement en disant que j'avais *des biaux agniaux*.

Pour faire jaser ma belle Mère, je demandai comment l'idée de venir à Paris lui était venue: depuis lon-tems, notte Bruë, je désirais d'avoir l'honneur de voir mon fils. Un garçon de notte village, palfrenier chès un gros, nous avait écrit sur du papier blanc, pour nous dire que Pierrot avait épousé une riche Madame; comme nous allions en Pélerinage servir le miraculeux S. Quentin & faire dire une messe à l'intention de nottre

tre vache, incommodée fans votre refpect de la fanté; nous *trouvimes* une piéce de fix francs fur le chemin & nous avons deftiné cet argent pour voir Pierrot.

Je queftionnai ma belle Mère fur l'état de fon Mari: c'eft un bon ouvrier, me dit-elle, il gagne fes quinze fols par jour, il fait l'Août & moi la foupe; j'ai une vache honnête & un cochon raifonnable; je faifons valoir ça; notte fille eft une bonne fileufe, elle travaille comme un forçat; notte garçon ouvre d'*affut*; il court un peu trop après les filles, elles le prennent pour un gros hére, tôt ou tard il faut que la jeuneffe fe paffe.

Nous étions dans la chaleur de la converfation lorfqu'une Dame de mes amies nommée Madame la Tour, arriva; elle n'aimait pas la fuffifance de mon époux; malgré fes airs de grandeur elle avait percé fa baffeffe, elle entra fans fe faire annoncer; je fus mortifiée de cette rencontre. Madame la Tour apperçût dans ces villageois un air commun avec mon mari: je fuis au défefpoir, me dit elle, ma bonne amie, d'avoir renvoié mon ca-

caroffe, vous me paroiffés en parenté ? vous avès peut-être des objets intéreffans à vous communiquer ? helas ! ma brave Madame, répondit ma belle Mère, nous n'avons rien à nous dire que vous ne puiffiés favoir ; nous fommes venus à Paris pour voir notte fils Pierrot : vous êtes donc, lui dit ma bonne amie, la Mére de Monfieur Berlingoville ? ouï, Madame, j'ai l'honneur d'être la propre Mére de Pierrot Berlingot ; comment notte fils a-t'il allongé fon nom ? cela n'eft point honnête, il ne faut jamais trahir les noms de fes Père & Mère.

Madame la Tour était de ces femmes qui s'amufent de tout, elle fit cent queftion à ma belle Mère ; cette jeune perfonne, lui dit-elle, en lui montrant ma belle Sœur, eft-elle mariée ? non Madame : comment une grande fille comme elle ? il eft encore affès de bonne heure, il faut trouver des *marieux*, les garçons font à la guerre, les filles reftent là ; elles font cinquante filles dans notte paroiffe, elles n'ont que deux pauvres petits amoureux, eft-ce là de quoi les contenter ? aimeriés-vous à être mariée, dit Madame la Tour à ma belle Sœur ?

Sœur ? belle demande ! ouï-dà pourvû que je trouve un garçon qui porte bien son bois (*). Ce grand garçon, dit Madame la Tour, eſt il marié ? ah Madame ! répondit la bonne femme, on ne marie pas les enfans, ce ſerait faire comme Hérodes, égorger les innocens : quel âge a-t'il ? vingt cinq ans. Madame la Tour demanda à l'innocent s'il voulait être marié : hé voir ſans doute, je ferions çà auſſi proprement qu'un autre. Cette réponſe fit rire ma bonne amie, qui ſe détourna crainte d'éclater.

Monsieur de Berlingoville, continua Madame la Tour, nous a dit que vous étiés riche ? on eſt riche aſſès, répartit ma belle Mère, quand on a de la probité ; nos richeſſes ſont nos bras, nous avons biau travailler nous tuer s le bœuf pour avoir le ſang ; heureux encore quand on peut manger du pain & que l'on ne doit rien à perſonne : vous avès un beau château, à ce que nous a dit Monſieur votre fils ? comment Pierrot ſe gauſſe
com-

―――――
(*) Expreſſion picarde qui veut dire un garçon bien hanché, droit & dru.

comme ça? c'eſt vilain de mentir, il ne faut jamais s'en faire accroire, notte châtiau eſt une chaumière, nous y vivons comme dans un châtiau, nous n'avons pas beſoin de tant de places ; les gros Seigneurs, quand ils font morts, ne faiſiont point bâtir vingt ou trente appartemens pour mettre leur cadavre. Ces Meſſieurs ne teniont pas plus de place dans la Terre que des gens comme nous.

Madame la Tour, que cette converſation divertiſſait, continua ſes queſtions: M. votre fils nous a dit, qu'il était gentilhomme, que vous aviés dans votre chambre à manger les portraits de vos ayeux, votre arbre généalogique: un arbre Madame, oui vraiment, nous avons un arbre à notre porte, c'eſt un pommier qui porte de bons calevilles, il vaut peut-être mieux que celui . . . . comment l'appellés vous ? . . . l'arbre . . . Mélancolique, qui eſt peut-être un arbre ſauvage mal enté? nous n'avons point de chambre à manger, nous mangeons, nous couchons dans la même chambre, nous n'avons pas les portraits de nos Pères, nous nous contentons d'être d'honnêtes gens comme eux & cela leur fait
plus

plus d'honneur que leurs portraits fur du papier.

Cette femme me plait, dit Madame la Tour, fon bon-fens ravit le mien.

A neuf heures mon époux arriva avec un Moufquetaire & un garde du Roi; il venait fans doute de perdre mon argent avec eux. Dès le bàs de l'efcalier il appella fon domeftique; pour lui donner plutôt des ordres, il fit paffer les Meffieurs dans l'appartement & refta à la porte à parler à fon valet, il ne favait pas encore la bonne compagnie qui l'attendait. Dès qu'il entra, fa Mère s'écria: eh! bon jour mon fils Pierrot, cette politeffe le pétrifia, fes yeux s'égarèrent, fon teint pâlit, fes jambes tremblèrent, fon frère lui fauta lourdement au col, il ne le fentit point. Cette immobilité enchanta Madame la Tour; à ce coup de Théatre le Moufquetaire & le Garde du Roi comprirent de quoi il était queftion.

Mon époux, revenu de fa furprife, dit à fes amis: allons fouper chès la Dubuiffon, Madame fera les honneurs de chès moi. Madame la Tour, qui voulait màter fa fatuité, jouïr de fa confufion,

affuassura qu'elle resterait au souper, on m'a invitée tant de fois, que je veux avoir l'agrément de manger en famille; les Officiers dirent qu'ils feraient compagnie aux Dames. La Mère piquée de la froideur de son fils, lui dit vivement: vous êtes bien glorieux Pierrot? c'est mal païer les peines que je me suis données de venir de si loin pour vous voir, comment méconnaître une Mère? M. Pierrot répondait par des monosillabes, ne savait ce qu'il disait, tant il était accablé de honte. Il fut contraint de boire ce calice amer jusqu'à la lie, il s'approcha froidement de sa Mère, lui demanda des nouvelles de son Père: il se porte bien, répondit cette femme; vôtre oncle Berlingot sonneur de la paroisse a été mal, mais il va mieux; le Cousin Fiacre Plat-d'beur à épousé la fille de la grosse Margot Lariguette, elle était suivante chès le curé, la famille n'est pas contente de ce mariage; on dit que Margot servait de rechaud au Pasteur, cela n'est point trop honnête pour une brave fille. La Mère voïant le gentil-homme son fils s'écarter un peu, lui dit; croïés-vous Pierrot vous distinguer en affectant un air froid,

rou-

rougiſſés-vous d'être mon fils ? hélàs pauvre aveuglé, vous vouliés vous en faire accroire, cette rencontre vous démonte, allés vous n'avés point aſſès d'eſprit, Paris eſt trop près de S. Quentin, il faut être né dans une méchant village au fond de la Gaſcogne pour faire le gros hére ; va! tu n'ès qu'un ſot, Pierrot! Cette épigramme enchanta la compagnie.

On ſe mit à table ; toute la maiſon de Berlingot parût neuve, elle ne ſavait de quel bout prendre les fourchettes. Cet air gauche demonta mon mari ; la converſation roula ſur les habits ; Pierrot parla avec feu de l'élégance du ſien, ſa Mère le contraria & lui dit qu'elle ne le trouvait pas ſi biau que l'habit verd qu'il avait porté à S. Quentin ; ah Meſſieurs il était ſi biau! il y avait des galons bleus, des manches rouges, des boutons de drap jaune. Mon mari affecta de ſe trouver mal, il quitta la table, ſa Mère s'en apperçût, demanda ce qu'il lui était ſurvenu : ce n'eſt rien, Madame, dit le Mouſquetaire, c'eſt la maladie des pâles couleurs, M. vôtre fils n'aime plus l'aſſemblage du jaune & du bleu, il à purgé ce mauvais goût de Province à Paris ; com-

comment, dit la Berlingot, il se fâche d'avoir porté un si bel habit! çà lui fait biaucoup d'honneur, il a servi chès d'honnêtes gens, il ne leur a pas fait tort d'une épingle; y a t'il un péché d'être domestique? j'aime mieux un laquais honnête homme qu'un Fermier général qui nous vole.

La compagnie s'en alla, mon mari me fit des reproches: vous deviés Madame m'épargner cette scène, ne pas m'exposer aux sarcasmes de Madame la Tour & vous ma Mère me prévenir de votre arrivée, on vous aurait fait habiller, vos hardes de campagne donnent un ridicule... à qui, dit la bonne femme? à ces sots: est-ce là ce que vous avés appris à Paris? n'est-on respectable ici qu'avec de biaux habits? ma tendresse vaut mieux que des habits, ils n'ont pas de sentimens; s'il faut de biaux habits pour être considéré, on est bien bête à Paris! dans notte village on fait attention au bon cœur & à la probité.

La Mère indignée des manières de son fils partit le lendemain sans nous dire un mot. Ce départ soulagea le Gentiltilhomme; crainte d'une seconde visite, il me fit changer le même jour de quartier & pour ne laisser aucun souvenir de sa parenté, il renvoïa les domestiques; le jeu de M. Berlingot minait chaque jour ma fortune, mes diamans étaient perdus, mes hardes enfilaient le même chemin. Un soir il revint de meilleure heure & me dit : Madame, nous passerons dans le quartier S. Marceau, des raisons essentielles m'obligent à ce changement. Il me fit conduire dans une chambre garnie & sous prétexte de faire voiturer mes effets, il les vendit en bloc pour un prix modique & alla joüer l'argent. Il revint à dix heures du matin, voulut dormir, il ne put fermer l'œil; à deux heures il sortit, à quatre j'appris qu'il avait été tué du côté des Invalides.

Réduite à la plus insurportable misère je devins la maîtresse d'un cuisinier; il prit avec moi un ton de grandeur & de Majesté. Cet animal unissait à la gravité d'un Espagnol l'insolence d'un nouveau parvenu. Son Père avait été cuisinier chès un Duc, il croïait que c'était un titre pour être impertinent: ce manant avait les caprices d'un grand: ma Pouponponne, difait-il, viens me careffer ? dis moi des douceurs ? baife-moi la main ? un jour il s'avifa de me dire comme le Prince Sigifmond, dans la pièce de ce nom : Pouponne fais moi rire ? outrée de fes impertinences, je lui caffai la machoire avec un pot au lait ; il recula deux pas & prenant le ton Majeftueux d'un Prélat qui va répéter une oraifon funèbre, il me dit : ta main profane & facrilège a offenfé la Majefté de ma face, tu as ému le fang de mes ayeux, furtout celui d'un Père qui a travaillé dans la cuifine d'un Duc, il faut à l'inftant que j'appaife leurs mânes irritées par la vangeance que je vais tirer de ton audace : il me roua de coups, j'échapai heureufement, je fortis de Paris, je demandai mon pain dans les environs de Tours. Je reftai quinze jours à Chenonceaux, où je vis l'entrée de M. l'Archevêque.

Les païfans avaient fait des préparatifs pour fêter fa grandeur, & pour la recréer noblement ils avoient appellé le Sr. Bienfait, qui faifait alors danfer les Marionettes dans la Tourraine. Ce dernier de concert avec les fortes têtes de Che-

Chenonceaux arrangea l'entrée triomphante de M. Fleuri. On avait tapissé une charette à deux rouës, de tentures de lit de diverses couleurs. Le châr était tiré par deux bœufs enjolivés comme celui du Mardi-gras. On alla à la rencontre de sa grandeur, on la fit monter dans la voiture. Le Bailli du village se plaça derrière Monseigneur, en soutenant sur sa tête un parassol de papier vert, Bienfait précédait le châr en sonnant de la trompette. Cette pompe avait l'air de l'arrivée d'un charlatan sur une place publique, la mine petite & mistique du Prélat réhaussait infiniment cette cérémonie.

Le soir on donna le spectacle des Marionnettes à sa Grandeur. Les païsans avaient une confrérie de S. Roch. Ils voulaient obtenir la permission de l'archevêque d'exposer le S. Sacrement le jour du saint. Ils s'assemblèrent pour délibérer comment on ferait la proposition au Prélat. Les cocqs du village décidèrent qu'il fallait agir par l'organe de Polichinel. On appella le Sr. Bienfait au conseil, on lui donna ses instructions. Le soir il fit demander par polichinel la per-

permission d'exposer le S. Sacrement le jour de S. Roch. Monseigneur avec un sérieux admirable répondit: très volontiers, très volontiers, je ne puis rien refuser à Polichinel.

Apres le spectacle M. le Bailli & les échevins de Chenonceaux menèrent Bienfait & le compère de Polichinel au cabaret. Le vin fut prodigué comme aux nôces de Gamâche, on tira à Cartouches sur le Curé & sur sa servante; les médisances épuisées, faute d'idées, on se querella & la fête se termina par un Combat sanglant. Trois échevins de Chenonceaux restèrent sur le champ de bataille; c'était le Maréchal, le Maçon & le Menuisier de la Paroisse. Bienfait, qui avait tous les talens, entreprit au défaut du chirurgien le traitement des blessés. Ces nouveaux pansemens sont dignes de grossir le petit volume de M. Dendermonde.

Avant de commencer l'opération, Bienfait fit un discours succint sur l'utilité de la matière médicale, où il prouva l'impossibilité de guérir nos maux sans la connaissance de cette partie si essentielle à la Médecine: ne croïés pas Messieurs, dit-

dit-il, que la Nature sage & libérale nous ait abandonnés au hazard sur ce globe & qu'elle ait refusé à nos Climats les simples nécessaires au soulagement de nos maux ; sans courir sous un autre hémisphère, cette Mère tendre & riche les a mis au tour de nous, les a placés sous nos mains, vous en allés voir la preuve victorieuse dans le pansement de ces trois blessés abandonnés à mon expérience.

Après ce discours à demi éloquent, Bienfait pansa le Maréchal ; il avait un trou à la jambe, il prit des étoupes, les trempa dans l'eau où les Maréchaux refroidissent leur fer, appliqua ce beaume sur la blessure & pour tenir l'emplâtre, il mit un fer à cheval qu'il lia avec la cravate du malade. L'opération faite, il se tourna vers les spectateurs & leur dit : ce nouveau traitement vous paraîtra peut-être singulier, il est cependant fait dans toutes les règles de l'art ; l'eau, où les maréchaux réfroidissent leur fer, est ce qu'on appelle en médecine teinture de mars, elle est imprégnée des particules de fer qui font le même effet que la boule d'acier. Vous voiés que la Nature attentive a mis dans les boutiques
des

des maréchaux de quoi guérir les maréchaux.

Le maçon avait un trou à la tête, le nouveau chirurgien lui fit un cataplasme de mortier qu'il banda d'un vieux licol de cheval, en assûrant que la chaux était un caustique brûlant & merveilleux pour étancher le sang des Maçons.

Le Menuisier avait le bras déchiré d'un coup de couteau. Bienfait appliqua le long de la blessure une planche de Sapin qu'il lia avec du fil d'archal. La gomme dont le Sapin est rempli, disait-il, a la même vertu que le beaume du Commandeur où il entre de la gomme Arabique & de l'encens.

Ces parfemens eurent le succès le plus heureux: quatre jours après les trois échevins de Chenonceaux reprirent leur métier. Je quittai cet endroit. Je vins ici, moment fortuné qui m'a procuré le bonheur de trouver ce qu'il y avait de plus cher au monde pour moi.

Ma fille ayant fini son histoire, je descendis chès le Fermier; je trouvai dans la Cour du château un homme avec une mauvaise perruque, un habit bleu sans boutons, un sac derrière le dos;

dos; il avait un air de bêtise & de bonté, il me demanda l'aumône: mon Ami, lui dis-je, as-tu du pain ? graces au Ciel, Madame, j'en trouve de toutes les couleurs ; ce qui m'embarasse, c'est la couchée ; je repose tantôt sous un arbre, tantôt à la porte d'une Eglise ; de graces donnés-moi deux sols pour païer mon gîte, je prierai Dieu pour vous: que dis-tu ? j'adresserai mes prières au Ciel pour la conservation de vos jours & la prospérité de votre maison. Donne-toi garde de prier Dieu pour moi ? je le prie moi-même, je ne donne pas d'argent à personne pour faire cette commission: Madame, le Curé de votre paroisse, qui a l'âme dure comme l'enclume de votre maréchal, m'a fait le même compliment; il m'a répondu qu'il était du métier, qu'il priait Dieu pour les autres: il a raison, il gagne plus d'argent que toi ; pourquoi fais-tu le tien sans être assuré des honnoraires. Dis-moi quel savoir-faire as-tu ? je fais des livres: tu ès donc garçon imprimeur ? non je travaille pour la maculature comme M. E... M. J... M. A... M. B. M. C... M. T... & tous ces Messieurs. Qu'est-ce que le talent de la maculature ? la maculature, Madame, est cette partie de l'impression qui sert à envelopper l'autre : par exemple, les Frères Cramer à Genève, Saillant à Paris, Marc-Michel Rey à Amsterdam, Machuel à Rouen qui sont les libraires français les plus connus de l'Europe, ont-ils quelques centaines de Voltaire, de Jean Jacques, de Montesquieu à expédier, ils les enveloppent avec de la maculature ; pourquoi prens-tu la peine de composer de la maculature pour emballer les ouvrages d'autrui ? le papier blanc ne servirait-il pas également ?

Le papier blanc ferait assurément la même chose, mais il y a des Imprimeurs qui donnent malheureusement dans ce mauvais genre. Un libraire, dont le trisaïeul a eu la pensée d'être honnête homme, a imprimé le maudit Poëme de la P***, ouvrage excellent pour la partie que j'entens. Dis-moi, au lieu de barbouiller de la maculature, ne ferais-tu pas mieux de composer quelque bon livre ? votre idée est admirable, c'est le singe qui conseille au renard de couper sa queue ; si je travaille du bon, il faut du tems

tems pour digérer la besogne, je ne gagnerais pas un sol : je ne te comprens pas! daignés m'écouter, je vais me rendre intelligible.

Un libraire est un animal dont le goût est châtré, il ne décide du mérite d'un manuscrit que par la pésanteur du papier. Cet ouvrage, dit-il, me donnera deux volumes; je vendrai la moitié de l'édition à des sots, parcequ'il y a naturellement plus de sots que de gens d'esprit; par cet arrangement j'aurai la maculature de profit : je t'aime, tu me parais original... attend moi, je passe un moment chez le Fermier.

J'allai donner des ordres à ma ferme; je menai le mendiant à la salle : as tu faim, as-tu soif? lui dis-je : hélas! Madame, il y a trois ans que ces deux maladies m'étranglent. Je fis apporter un gigot, cet homme le dévora avec un appétit incroyable; je fis servir des fraises, ma femme de chambre examina ce gueux, le reconnut & sauta à son col en s'écriant ah! cher Xan-xung! ah chère Lucrèce.... ô Ciel! dit ma femme de chambre, dans quel équipage te vois-je!.... par quel hazard.... mon bon ami... Lucrèce verfait des larmes. Je demandai à ce pauvre, fi cette fille était fa parente? non, Madame, elle a feulement eu la tendreffe de m'allier à fa famille: cher Xan-Xung, dit Lucrèce, en embraffant encore ce mendiant, que ton fort eft changé!.... que j'ai penfé de fois à toi, mon cher Tranquile!.. ou font ces beaux jours où tu me jurais une tendreffe éternelle? J'ai demandé par tout de tes nouvelles, perfonne n'a pu m'apprendre où tu étais... ah! cher ami... Lucrèce n'était pas effrayée du trifte état de ce malheureux.

Je demandai au gueux comment il avait gagné la tendreffe de cette jolie fille, dont la décence & la fageffe faifaient notre admiration· Madame, les bons cœurs font faits pour s'aimer: ah! dit Lucrèce en l'interrompant, fon cœur eft encore meilleur que le mien, il eft fi bon, s'il avait la tête comme le cœur, il ferait admirable; mais c'eft un crâne, il ne fonge ni à la veille ni au lendemain, il eft fi bête, fi diftrait, fi étourdi qu'il ne fait ce qu'il dit, ce qu'il fait, ni ce qu'il écrit; il barbouille dans une journée une brochure; elle marche comme
elle

elle peut; il ne prend pas la peine de la relire; il s'ennuie par tout où il n'est pas, c'est le vrai portrait de l'occasion: mon ami, dis-je au mendiant, il faut songer à ta réputation: qu'est ce que la réputation? c'est la bonne odeur de la Renomée: hélas! répondit il, un gueux peut-il sentir bon? tiens, au lieu de faire deux ou trois brochures, n'en fais qu'une bonne: cela est faisable à Paris pour un Auteur, qui a son dîné assuré chès un grand, un habit & des hauts-de-chausses chès un Fermier quand on habille la livrée. Un Auteur avec des chausses honnêtes a le tems de méditer, de limer son ouvrage. Marmontel, à qui l'Etat a donné quatre mille livres, pour avoir fait une Tragédie enterrée il y a quelques années, arrangé géometriquement des logogriphes dans le Mercure, est obligé de donner du bon; malgré ces quatre mille francs, le pauvre garçon a de la peine comme un autre.

Touchée du sort de ce misérable, intéressée par les pleurs de Lucrèce, je le fis monter dans la chambre d'Ariste, je le fis habiller. Lucrèce était remplie de joie, cette bonne fille avait déjà parlé à un domeſtique pour l'envoïer à Tours acheter des habits à ſon amant. Dès que Xan-Xung fut arrangé, je le préſentai au Comte & à Mlle de S. Albin; au ſouper nous le priames de nous conter ſes amours avec Lucrèce, il regarda cette fille, elle rougit, & ſe retira pour laiſſer la liberté à ſon hiſtorien!

HISTOIRE DE LUCRECE.

Lucrece était trop jolie pour soutenir l'idée romanesque que nous donnons à la fable ancienne de son nom. Elle est de Château-briand en Brétagne petite ville qui fournit beaucoup de filles du monde & des Prêtres. Son Père était un pauvre gentilhomme, qui assistait aux Etats de sa Province avec des chausses percées, il vivait d'une petite métairie; la galette, les noix & les châtaignes faisaient toute l'année sa nourriture. Cette vie frugale avait porté Lucrèce à la friandise, elle n'avait point d'argent pour en acheter, le Père n'était pas *volable*, elle fit des connaissances.

Les Boulangers de Château-briand font

les biscuits & les macarons. La figure charmante de Lucrèce plut à un garçon Boulanger ; le drôle s'apperçût de sa gloutonnerie, il lui donna des soins & des macarons, il eût son pucelage, c'était le donner à bon marché ; mais quand Lucrèce aurait fait la renchérie, elle n'aurait pu trouver la valeur de cinq livres de macarons sur le bijoux. Les Garçons de Château-briand n'achetent jamais ces sortes de choses ; les filles ont encore l'habitude de les donner pour rien ; c'est la seule simplicité qu'elles aient conservée du premier âge.

Le Boulanger ne fournissait que des biscuits & des macarons, Lucrèce voulait de la variété. Le jardinier d'un couvent de moines fut sensible à ses charmes ; pour des noisettes & des pommes de renettes, il eut ses faveurs. Le fils d'un marchand épicier avait de bonnes choses, Lucrèce fut sa maitresse pour des prunes. Son Père eut un gros rhume, il fit usage des tablettes de guimauve ; Lucrèce en tâta, elle prit goût aux tablettes de guimauve, elle en demanda à un garçon apoticaire qui moïennant ses faveurs lui en fournissait abondament.

LA

La médisance me fit naître le désir de connaître Lucrèce, instruit de son goût pour la friandise, je commandai une tourte de frangipane & le lendemain je proposai tout naturellement à Madlle Lucrèce de venir la manger avec moi; ses amoureux n'avaient jamais rien proposé de pareil; Lucrèce ne pût tenir contre une tourte de frangipane. Elle vint à l'heure assignée, mangea la tourte & dès qu'elle fut engloutie, elle m'accorda ce qu'elle avoit accordé aux autres. J'étais flâté d'avoir une jolie fille à si bon marché: Pendant deux mois je l'accablai de dragées & de friandises: le jardinier, l'épicier, le boulanger & le garçon apoticaire n'avaient plus rien, elle trouvait tout dans son nouvel amant, elle se croïait heureuse.

Pour trouver l'occasion de voir plus aisément ma maîtresse, je fis connaissance avec son Père; ce brave gentilhomme aimait à parler des Etats de sa Province, des beaux privilèges de la Brétagne & surtout de l'histoire du Catéchisme de M. de Vauréal (*). Il me prit

(*) M. de Vauréal, Evêque de Rennes, avait fait

prit en amitié; je continuais d'accabler sa fille de bonbons dans le dessein de la rendre malade. J'avais pénétré la beauté de son caractère, je lui trouvais de l'esprit, elle n'avait d'autre défaut que la gloutonnerie, j'avais pour principe que l'excès seul pouvait l'en guérir; je la crévais de friandises. Ces drogues enflamèrent son sang, une fièvre violente la mit à l'extrêmité, les soins que je me donnai, l'attention de lui faire avaller beaucoup d'eau lui rendirent la santé. Lucrèce, comme le Soleil sortant d'un nuage épais, reparût plus belle; mes attentions dans sa maladie achevèrent de me gagner son cœur; elle perdit entièrement le goût de la friandise, lui substitua celui de la lecture, son cœur s'attacha tellement au mien qu'elle ne comptait de momens

fait un nouveau Catéchisme où l'on citait les vertus Cardinales. On parla de ce Catéchisme chès le Président des Etats; on demanda ce que c'était que les vertus Cardinales; neuf Evêques & six Abbés commendataires qui se trouvaient à table ne purent répondre. Un vieux gentil-homme bas Bréton satisfit à la question. Le Père de Lucrèce me contait cette histoire régulièrement trois fois la semaine.

mens heureux que ceux que nous passions ensemble. Sa constance depuis à toujours fait mon admiration.

Les Dragons d'Elbœuf vinrent à Chateau-briand; trois semaines avant leur arrivée le Curé de la Paroisse, dont le zèle aveugle & fanatique faisait plus de mal que de bien, prêcha contre les Dragons. Au premier coup de tambour tout trembla dans cette petite ville, les Pères & Mères crûrent leurs filles égorgées, il ne mourut personne. Les Dragons ne s'allarmèrent point de cette crainte, ils savaient qu'elle ne durerait pas; ils en plaisantaient eux-mêmes & quand la nuit venait ils criaient charitablement : Pères & Mères ramassès vos filles ! petit à petit le beau sexe Bréton se fit avec eux. Une fille est un animal fort doux qu'on apprivoise aisément. Le Curé avait beau prêcher, ses plates figures de rhétorique ne tenaient point contre les Dragons.

A moins d'un mois ces Messieurs s'arrangèrent tellement que chacun avait sa chacune, les bois, les genets qui entourrent la petite Cité servaient de théatre à leurs amours, on y trouvait des mantelets de condition, des boëtes à mouches,

ches, des éventails, des bréloques, des éguilles à tricoter & contre les règles de nos Drames la scène souvent ensanglantée.

Un matin que je lisais le long d'une haie épaisse j'apperçûs Lucrèce qui venait de sa métairie. Un Officier se hâtait de la rejoindre, j'avançai vers l'endroit où ils s'étaient arrêtés; l'Officier lui disait de ces douceurs qu'ils ont coûtume de dire aux filles, ce sont toujours les mêmes propos: vous êtes charmante, quelle figure! je vous adore, si vous résistés à ma flamme, mon parti est pris; cruëlle, je me désespère, il tira son épée, s'en tourna la pointe vers le cœur (*). Lucrèce sourit à cette comédie & lui dit: si je vous croïais méchant vous me feriés peur, mais

(*) Les Amoureux ont toujours l'envie de se désesperer, il semble qu'ils se sont donnés le mot les uns aux autres. Ceux qui portent l'épée l'ont tous tirée pour se percer devant leurs maîtresses. Cette mode à passé chès les païsans, ils font les mêmes grimaces avec leur couteau. Nos Gazetiers n'ont point encore annoncé une de ces morts tragiques; depuis le tems que cette farce se joue, il est étonnant que les filles soient encore assés bêtes pour craindre le désespoir de leurs amans.

mais vous aimés trop votre prochain & vous même pour craindre que vous attentiés à des jours que vous voulés me consacrer; remettés tranquillement votre épée dans sa place, ces singeries n'effraient que les folles; mon cœur est attaché, rien au monde n'est capable d'en ôter celui que j'aime. Le ton dont elle prononça ces paroles firent connaître au militaire qu'il n'y avait rien à espérer; il la quitta. J'avançai précipitamment le long de la haie pour me trouver en face de ma maîtresse, qui fut surprise agréablement de me voir; elle allait me raconter son colloque avec l'Officier, lorsque je lui dis; j'ai tout entendu, ma chère Lucrèce, tu as rempli mon âme de cette heureuse certitude qui fait son bonheur; je connaissais ton cœur, il n'avait qu'un langage, c'est celui de la vérité.

Les Dragons partirent; le Curé pour rebénir sa paroisse, & remercier la Ciel de leur départ, fit une procession où l'on eut tous les malheurs possibles. Cette fête partit à sept heures du matin pour aller dans un village à deux lieues de Châteaubriand chanter une messe à Ste Anne,

ne; à quelques pas du village les poliſ-
ſons, qui ſont toujours à la tête des proceſſions, où ils prennent le haut du pavé, députèrent ſix de leur Corps pour
ſonner les cloches; du premier branle ils
en caſſèrent deux. Après le ſervice on
déjeûna; comme l'on faiſait force d'o-
melettes le feu prit dans la poële, de
là dans la cheminée & conſuma le cabaret. En retournant, la proceſſion paſſa ſur
un vieux pont de bois. Le pont chargé
de tant de monde rompit, la proceſſion
tomba dans la rivière.

A une lieue de Château-briand cette
fête fut rencontrée par celle d'un village
voiſin qui avait auſſi eu des Dragons.
Les deux proceſſions réunies marchè-
rent quelque tems enſemble aſſès tranquilement. La bannière de Rougeai faiſait plus de bruit que celle de Château-
briand, à cauſe que le fer de la lance
qui le ſoutenait était un peu rouillé. Choqué de ce *grincement* le porteur de celle
de Château-briand dit à celui qui portait
celle de Rougeai, mon gars tu fais bien
le farau avec ta bannière; tu fais trop
de bruit, ſais-tu que la nôtre eſt d'une
autre conſéquence que la tienne? ſon ca-
ma-

marade repartit que celle de Rougeai vallait bien celle de Château-briand; les porteurs de bannière s'échauffèrent; le feu se mit dans les deux processions; on se battit, les oriflammes furent mises en pièces; les uns revinrent avec un œil de moins, un bras cassé, une tête fêlée, c'était le fruit du zèle du Curé (*), qui accusait encore les Dragons de ces malheurs. J'ai mis cette farce en vers, je l'ai composée sur les genoux de Lucrèce.

Je fus obligé de partir pour Paris. Le Père de Lucrèce, sous l'espoir que je placerais sa fille avantageusement chès une de mes parentes, me permit de l'y mener. Nous vecûmes deux ans dans cette ville où l'estime & l'amitié nous unissaient autant que l'amour. Une avanture m'obligea de quitter Paris. Pour épargner les larmes de mon amante, je partis sans lui faire mes adieux, je chargeai un de mes amis de lui remettre une lettre. Ce monstre était amoureux de Lucrè-

(*) Ce fanatique se nommait M. Guérin. C'était un grand homme pour la Calomnie.

crèce, il vint lui dire d'un air allarmé que je venais d'enlever une de ſes parentes; il peignait cette action avec des couleurs ſi noires, exagerait ſi fortement les reproches que ſa famille lui faiſait de ma connaiſſance, que Lucrèce le crut; le malheureux ne recueillit point le fruit de ſa trahiſon. Mon amante quitta Paris & vint ſe mettre à votre ſervice.

Instruit des noirceurs de mon coupable ami, j'en tirai vangeance; mais quelle faible ſatisfaction' n'avais plus mon amante, je m'informai; j'écrivis partout; je ne pus rien ſavoir & j'ignorerais encore où elle eſt, ſi votre bonté ne m'avait procuré le plaiſir de la retrouver.

J'avais écouté attentivement les petites avantures de Lucrèce. Le nom de Château-briand m'inquiétait; je priai le Comte de S. Albin de chercher le régître de nos enfans; nous trouvâmes qu'*Ariſte* en avait envoié un dans cette ville; je demandai à l'hiſtorien de ma femme de chambre s'il connaiſſait à Châteaubriand un gentilhomme nommé Kerkerlan, ouï, me dit-il, Madame, c'eſt le Père

de

de Lucrèce, il n'a que cette demoiselle : ô Ciel, Lucrèce est ma fille ! *Ariste* l'a confiée à son ami Kerkerlan. Madame, dit Xan-xung, je vous demande mille pardons du récit sincère que j'ai fait de mes amours, si j'avais connu l'état de Lucrèce j'aurais ménagé davantage les expressions ; mon malheureux goût pour la vérité fera toujours le malheur de ma vie : non, lui dis-je, mon cher, tu n'ès précieux à mon estime qu'à cause de ton caractère vrai. Les préjugés sont ici méprisés, ce que les sots appellent faiblesse est la Nature & ce qu'on nomme putain est une fille qui obéit plus particulièrement à son instinct. Crois-moi toutes les femmes sont obéissantes à cette voix. Tu peux me croire, je suis femme.

LUCRECE instruite de sa naissance nous en marqua sa joie par les transports les plus vifs. La mémoire d'*Ariste* fit couler nos pleurs : que n'est-il encore, disions-nous, cet homme si digne de l'humanité. Ah mes enfans ! conservons toujours son esprit, imitons sa bonté, c'est par le cœur que nous lui ressemblerons.

LE

Le Comte & Xan-Xung étaient devenus amis, leur converfation faifait nos plaifirs; le dernier gâtait les meilleures chofes par le ridicule, le comique & les ornemens grotefques dont il les décorait; fon imagination vicieufe, pétulante, fes inattentions continuëlles & fes idées originales nous le rendaient pourtant fuportable. Lucrèce curieufe de favoir ce que fon amant avait fait pendant fon abfence, lui demanda s'il avait été auffi conftant pour elle, qu'elle l'avait été pour lui: non, ma chère Lucrèce, j'étais homme; tu fais ce que dit Amélie, qui dit un homme dit un fou, la fupériorité de ton fexe confifte à connaître cette vérité. Te croſant perdue, je devins fenfible aux attraits d'une perfonne digne des Dieux, je l'époufai, je la porte encore dans mon cœur, il n'y a que toi ma chère Lucrèce, qui pourra me la faire oublier. La Momie de l'un de mes ayeux fut la caufe de la fin tragique de cette chère & malheureufe époufe.

Xan-Xung répandit des pleurs brûlans en fe rappellant la mort de fa femme; Lucrèce les effuïa, le Comte fut charmé de la fenfibilité de fon ami; la Na-

Nature vous applaudit, dit-il, à ces larmes; c'eſt par elles qu'elle ſoulage l'âme du Philoſophe & du ſage; l'Homme qui n'a jamais pleuré eſt un monſtre. Nous remimes au lendemain l'hiſtoire que Xan-Xung devait nous raconter.

LA MOMIE DE MON GRAND-PÈRE.

Mon Grand-père (*) était un gentilhomme Chinois, lettré comme le sont les gentil-hommes de la Chine ; il était le premier Mandarin de notre Grand Empereur Hom-Vu & Tonquin des armées Chinoises (§) : il vint en France du tems de François premier, s'amouracha à cette Cour de ma Grand' Mère ; c'était une grande décontenancée de demoiselle de la Reine. Dans ce tems-là les dents de Sa-

(*) J'entend par mon grand Père un de mes ayeux.

(§) Premier général des troupes.

Savoyard, les nez retrouſſés, les minois céleſtes ou de fantaiſie n'étoient pas connus; mon Grand-père voulait dans une françaiſe tous les charmes de la Gaule; ſa maîtreſſe était un miracle de charmes, elle avait touché François premier & mon Grand-père fut très honoré d'entrer dans l'appartement de ma Grand' Mère après le Roi. Mon Grand-père était un bon Homme, il ſavait mieux ſon monde que Monſieur de Château-briand.

Ma Grand' Mère était de bonne Nobleſſe, ſa maiſon était auſſi vieille que la médaille de l'Empereur Otton; elle avait eu des ancêtres comme le cheval de l'Empereur Caligula, une nourrice plus honnête que celle de l'Empereur Romulus & avait reçû une meilleure éducation que l'Empereur Adam Ma Grand' Mère avait compté, comme tous les grands Seigneurs, quelques gredins dans ſa famille; mais ils s'étaient humainement & glorieuſement décraſſés en maſſacrant à la bataille de Tolbiac, des Gots, des Viſigots, des Oſtrogots, des Allobroges, des plats Normands & des gros Belges: C'était d'un de ces fameux bourreaux qu'elle deſcendait en ligne indirecte, à cau-

cauſe qu'à la cour les lignes deſcendantes ſe courbent : les Picards, les Jaſmin, les Bourgignon & les la Fleur ſe mêlent auſſi de courber les lignes.

MON Grand-père était bien à la Cour, c'était l'ami du Prince à cauſe de ma Grand Mère. Le Roi lui faiſait quelquefois les cornes, & cela faiſait honneur à mon Grand-père. Le Roi riait & mon Grand-père riait auſſi; comme il avait du courage & de l'honneur, ſans compter celui de ma Grand' Mère, ces qualités étaient reſpectées de François premier; ce Prince aimait l'honneur, la guerre, les lettres & les filles, comme tous les Rois de France les ont aimés.

LE Dieu *Xénoti* ou le *Tien* avait chéri mon Grand-père parce qu'il était juſte & bienfaiſant. Il lui apparût la veille de ſa mort, lui dit: Père Xan-Xung, vous avés fait du bien indiféramment à tous les Hommes, il faut que je vous en faſſe ; les Dieux s'honorent d'imiter l'exemple des mortels ſages; demandés ce qu'il vous plaira, je vous l'accorderai. Mon Grand-père demanda le bonheur d'être encore utile aux Hommes juſqu'à la dernière année de grace.

LE

Le Dieu de la Chine n'était point comme les autres Dieux, qui promettent des champs pleins de lait, de fromage, des richesses comme celles de Crésus, des guerriers comme Alexandre ou Henri IV. & qui après ces belles promesses, ne font que des usuriers, des gueux & des vilains. Le *Tien* ne voulait tromper personne, il dit à mon Grand-père: Papa Xan-Xung, aussi-tôt que vous serés mort, vous ferés embaumer votre corps à la façon ancienne des Egyptiens; j'aime les Egyptiens, ils m'ont changé en oignon. Après cinquante ans & un jour que vous serés momifié, chaque fois que l'on vous soufflera au derrière, vous parlerés pendant douze heures. Ce souffle sera comme la clé d'une montre, il remontera le jeu de vos organes. Cependant comme la curiosité est un péché aux yeux purs des Dieux, celui qui soufflera à votre derrière sera puni dans l'instant; vous êtes attaqué d'une Diarrhée, vous périrés demain avec une partie de la matière morbifique qui restera dans vos intestins, & dans le moment qu'on vous soufflera au derrière vous déchargerés dans la phisionomie du souffleur une quantité raisonnable

nable de cette matière louable. Je suis fâché de ne pouvoir faire la chose plus galamment, vous savés que quand les Dieux accordent des graces, ils ont toujours des *Si* conditionels: je ne puis en conscience m'écarter de l'usage de mes confrères, qui ne donnent jamais de graces plénières, crainte de faire tort au Moufti.

Vous aurés soin d'inférer clairement cet article dans votre testament, les Hommes & les Dieux ne sauraient apporter trop d'attention à leur testament. Dans le tems que vous récévrés le don de la parole & de la vuë, vous jouirés de l'intelligence, parce qu'il est impossible de raisonner sans intelligence, excepté dans les missions.

Comme les gestes me déplaisent depuis lon-tems dans la conversation, dans les Prédicateurs, au Caffé Procope, au Palais Royal & chès le Convulsionnaire (*), vous ne pourrés remuër ni gesticuler. Mon Grand-père fit mettre ces conditions nettement dans son testament & par ce soin il nous empêcha de nous égor-

_____
(✢) Le Grand le Kain.

égorger pour le sens de son testament; Tous les faiseurs de testament n'ont pas fait de même.

Aussitôt que le Père Xan-Xung eut rendu l'âme, les Egyptiens, qui étaient à la Cour à disputer sur des sujets mitologiques & à prouver par des argumens *in forma* la transubstantiation de leurs Dieux en oignons, embaumèrent mon Grand-père. Depuis François premier aucun des enfans du bon Homme Xan-Xung n'avait essayé l'expérience de la Momie ; l'article de la matière louable avait dégoûté les héritiers, personne ne voulait jouïr de la grace du *Tien* & des beautés du Testament. Mon Grand-père était oublié, comme le sont tous les Grand-pères ; sa Momie empactée avec le testament était dans un de nos vieux châteaux ; le Grand Tonquin de la Chine moisissait avec notre arbre généalogique ; les mites lui avaient déjà rongé le bout du nez & continuaient à le gruger aussi impitoyablement que Denis le tyran & les œuvres du Grand-Diacre Trublet.

L'amour des lettres, le défaut de livres & le peu d'inclination que j'avais à tirer

tirer les hirondelles au vol, comme les Campagnards mes voisins, me firent monter aux archives. Je trouvai le testament & la Momie de mon Grand-père; quoique sa face respectable fut un peu défigurée, je ne laissai pas de trouver le bon Homme aussi cher pour un bout de nez de moins, que s'il l'avoit eu tout entier. Mon cœur sensible aimait les Grand-pères.

Quoique rempli d'entrailles pour le bon homme Xan Xung, je n'osai lui souffler aux entrailles. Son derrière sec comme les montagnes de Gelboë, aurait glacé un Inigite du dernier vœu. Je mis mon Grand-père dans un sac, je le portai à Paris; en arrivant à la porte S. Jacques, les Commis m'arrêtèrent, pésèrent mon Grand-père & me firent payer dix livres cinq sols & quelques deniers; je disputai le payement, ils me dirent d'un air de protection : ne contestés-pas, Monsieur; si votre Grand-père était en nature, il ne devrait rien, mais il est en momie, il faut païer; ils me montrèrent une ordonnance du Roi où la Momie devait aux Fermiers cinq sols par livre.

Quelques jours après, les apoticaires me

me firent un procès, sous prétexte que ne pouvant donner des lavemens à Paris sans un privilége du Roi, je ne pouvais aussi vendre de la Momie sans un privilège; on plaida dix-huit mois. L'avocat des apoticaires assurait que j'avais vendu près de quatre onces de Momie: la Cour, dit-il dans son savant plaidoyer, ne peut douter un moment que les nez du tems de François premier n'étaient aussi longs, aussi gros que les têtes d'aujourd'hui sont plattes; il conste par le rapport des experts que la Momie avait cette partie du corps tellement saillante, tellement étendue, qu'en plein midy l'ombre du profil devait dérober exactement la moitié du visage aux ardeurs du Soleil; il est démontré, Messieurs, que ma partie adverse a vendu au moins trois onces & démi de ce nez & que par cette vente frauduleuse elle s'est rendue refractaire aux ordonnances de Sa Majesté. L'avocat cita Bacquet, Carondas, du Moulin, les loix de Constantin, le code Fréderic (§), les us & coûtumes du Hainaut fran-

(§) Ce code n'est point suivi en Prusse comme on le dit à Paris.

français & la fondation utile des cinq grosses fermes.

A cause que les mites avaient grugé le nez de mon Grand-père, je fus condamné à païer trois cens livres aux apoticaires de Paris, & quinze cens livres à des avocats qui vivent comme les Prêtres avec les vivans, les morts & les sots & qui plaideraient pour le Manitou, si le diable était assès bête de s'adresser à la justice pour soutenir son bon droit & avoir raison.

Ce maudit procès me tint long-tems à cœur. Mon Grand-père me coutait déjà deux mille livres, j'étais aussi avancé que le premier jour. La clause du testament me répugnait & les moïens comiques du *Tien* pour le faire parler me paraissaient insurmontables. L'espoir cependant vint luire à mon esprit, je dis en moi-même: tout se fait à Paris par le canal des femmes, c'est assurément par ce canal que je ferai parler mon Grand-père.

Je fis la connaissance d'une jeune Lionnaise, belle à ravir. C'était une vierge de seize ans, elle avait brisé depuis six semaines les liens éclatans de la parenté, pour venir loin des regards maternels se

per-

perfectionner dans la vertu. Cette fille était faiseuse de mode, elle joignait à l'art de se mettre agréablement, la petite coquetterie des filles de mode. Nous logions sur le même quarré, cette proximité devait un jour nous joindre plus étroitement. Je lûs dans le cœur de Manette; je vis que j'étais aimé. Après quelques préludes de vertu, pour être plus voisin, nous couchâmes ensemble. Il faut rendre justice à la sagesse de Manette, avant de m'admettre à la douceur de sa couche, elle exigea une douzaine de sermens tels qu'en fait l'amour ; de son côté elle promit d'être très-vertueuse.

A peine fûmes-nous dans les draps que le cœur de Manette commença à palpiter; c'était une raison pour m'intéresser à sa santé: qu'avés-vous, lui dis-je, d'un ton aussi ému que son cœur ? vous trouvés-vous mal ma chère petite ? hélas ! le cœur me bat ... je suis ... je ne sais comment ... on est bien malade à ce que je vois, quand on couche avec un garçon: ô Ciel ! chère Manette, vôtre état m'afflige, voïons que je tâte vôtre cœur. Je mis la main sur son cœur, je rencontrai des charmes; Manette n'avait pas la chasteté des sœurs de Fontevrault & le Ciel ne m'avait point regardé avec la même complaisance que Robert d'Arbrissel; nous entamâmes, comme on dit, le Roman par la quëue; Manette criait: ah mon ami, vous me percés le cœur, il bat encore plus fort.... ah! celui qui a fait les battemens de cœur, avait bien plus de génie que celui, qui a imaginé les *mea culpa*.

Manette avait vû la Momie, elle trouvait ridicule que je poussasse si loin l'amour paternel: vous êtes bien poli pour les Grands-pères! a t'on jamais vû, un si mauvais goût d'aimer les morts ou les vieilles gens? êtes-vous comme la Matrône d'Ephèse? ce genre de folie ne prendra point dans notre siècle? ah, Manette! tu me condamnes injustement; cette Momie est mon bonheur, en soufflant à son derrière, j'éprouve des plaisirs aussi ravissans que ceux que je goûte dans tes bras, c'est la Couronne dont le Dieu *Xknoti* a recompensé les vertus & la bienfaisance de mon respectable ayeul. Ce discours piqua la curiosité de ma Maîtresse, elle me pria de la faire particiticiper aux plaifirs que je goûtais avec mon Grand-père : il n'eft pas poffible ma chère que je fatisfaffe tes defirs, mon Grand père ne peut accorder cette faveur do...nt un tiers. Les Dieux ont des fantaifies comme les hommes.

Ma maîtreffe ne difcontinuait plus de parler de la Momie, elle s'intéreffait déjà vivement au bon Homme. Voilà Manette qui parle, difais-je en moi-même, mon Grand-père parlera bientôt. La Momie, qu'elle avait trouvé effroyable, ne lui paraiffait plus telle ; elle l'examinait à chaque inftant, elle brûlait de voir les belles chofes de mon Grand-père ; cependant quand elle examinait de près fon derrière, cet objèt rafraichiffait fes defirs.

Manette était pareffeufe comme le font toutes les filles du monde. Je me levais ordinairement de bonne heure, je paffais dans une chambre voifine pour étudier : comme j'étais à mon travail, Manette fe leva, alla à la Momie & dit d'une voix un peu baffe que j'entendis pourtant : Xan-Xung eft fingulier avec fon Grand-père, comment ce bon homme dur comme fer pourrait-il parler ?

quelle idée a ce Dieu *Tien* de vouloir qu'on souffle au 'errière de cette Momie pour voir du merveilleux ? les Dieux font des originaux comme les Hommes, ils ont fait des araignées & des Mères que je n'aime point . . . . après tout dois-je avoir de la répugnance à souffler au derrière du Grand-père, c'est à peu près comme si je soufflais dans ces tuyaux de fer, dont nos Pères se servaient pour souffler leur feu (*). Manette mit ses belles levres au derrière du Père Xan-Xung, souffla; à l'instant le bon Homme lâcha sa bordée, Manette jetta un grand cri; mon Grand-père dur comme le sont les vieillards, lui dit: garce, te voilà punie de ta curiosité? à cette voix étrangère je courus; ma maîtresse se lamen-

---

(*) Nos Oſtrogots de Grand-pères avaient pour allumer leur feu des eſpèces de chalumeaux de fer de la longueur d'une toiſe. Cet inſtrument n'avait d'autre avantage que celui d'altérer leur poitrine. Un Philoſophe, qui aurait voulu, dans ces tems-là, introduire l'uſage de nos ſoufflets, aurait paſſé pour un Novateur, pour un encyclopedite, pour un monſtre. On voit encore de ces ſoufflets dans les Provinces & dans le **Marais**, où le bon ſens arrive toujours très tard.

mentait du triste état où elle se trouvait.

Mon Grand-père me fit un Sermon, voilà une belle conduite, me dit-il ! ton Père t'envoïe à Paris pour étudier, tu t'amuses avec une Catin, tu dépenses son argent; ah drôle .... mon Papa excusés-moi, Manette est si jolie, si vous aviés goûté le plaisir d'être dans ses bras .... & justement c'est ce qui me donne de l'humeur, mon tems est passé, j'enrage : dans votre tems n'avés-vous pas aimé les filles? oui, mais cela ne se dit point aux enfans, les Pères & les Mères sont convenus de cet article d'un bout du royaume à l'autre; & tant qu'il y aura des Pères & des Mères, ils auront toujours été sages.

J'étais curieux de savoir la destinée de mon Grand-père, je lui demandai s'il était dans la Gloire avec le *Tien*, ou dans le Ténare avec le Manitou; il répondit d'un grand sang froid qu'il était avec le Manitou; je reculai deux pas, à ce mouvement il me dit: tu ès un sot, la damnation n'est pas ce que tu penses, ceux qui parlent chès toi de cet état le connaissent ils? ce sont des aveugles qui jugent

gent des couleurs ; ont-ils été chès le Manitou pour favoir ce qu'il s'y paffe, ils bâtiffent un enfer à leur mode, où il n'y a pas de fens commun. Quand l'enfer de tes croyans ferait vrai, ce ferait encore un bonheur d'être damné; les coupables ne feraient pas infiniment punis, un damné exifte, je ne vois rien de réellement malheureux que le néant; à choifir j'aimerais mieux être le Manitou que d'être anéanti, l'anéantiffement eft un million de fois plus affreux que la damnation des Turcs; tu vois donc que tes Derviches n'ont pas bien imaginé leur enfer, puis qu'il y a un fort plus affreux que cette punition.

MAIS laiffons ton enfer, parlons du mien, il eft rempli de beautés. Pour favoir ce que c'eft que notre Enfer il faut connaître le Paradis, *Xénoti* ou le *Tien*. Le Paradis eft ce qu'on appelle dans tes écoles le vuide. Le *Tien* eft une grande roue qui tourne dans ce vuide cent millions de fois plus vîte que le vol d'un boulet de canon. Il fort à chaque inftant de la roue de Xénoti des milliers de petites roues, cent millions de fois plus petites qu'un grain de fable. Le vuide ou

ce

ce que tu appelles le Ciel, eſt rempli de ces petites roues, qui tournent continuëllement avec le *Tien*, ou le premier principe.

Ces petites roues ſont les âmes des Hommes & des Animaux qui vont animer des petites cruches de terre à deux pieds, à quatre pieds, ſans pieds, ſans pattes, à trente ſix pieds comme les cloportes & les araîgnées. Ces petites roues en ſortant de celle de Xénoti ſont exactement rondes; en entrant & en ſéjournant dans les petites cruches, que tu appelles corps, elles prennent le plus ſouvent la méchante forme des cruches où elles ſont renfermées.

Le ſiſtême de Xénoti eſt de remplir ſon vuide ou ſon Paradis de ces petites roues; plus ſon vuide eſt rempli, plus il approche du plein & plus il eſt beau. Pour que les petites roues puiſſent tourner en Paradis, il faut qu'elles ſoient exactement rondes & telles qu'elles ſont ſorties de celle de Xénoti, parceque rien d'imparfait ne peut tourner dans le vuide ou l'éternité. Or les roues que le *Tien* a jettées de ſa roue éternelle, humant l'air du beau & du laid monde, prennent de la quadrature, des côtés obtus qui leur font perdre l'exacte rondeur qu'elles avaient reçue de Xénoti. En mourant, ou mieux la petite cruche venant à casser, la roue retourne au Ciel; dès qu'elle voit la roue éternelle, elle veut tourner, elle ne le peut, à cause qu'elle n'est plus exactement ronde.

Pour soutenir son sistême éternel, le *Tien* envoie ces roues aux enfers pour acquerir cette parfaite rondeur & jouir après du bonheur de tourner éternellement; l'enfer est rempli de petites roues crochues, quarrées, dures & raboteuses. Les plus défectueuses, les plus massives, les plus dures sont celles des Traitans, des Bramines, des Derviches & des Bonzes. Dans l'enfer les roues tournent sur tous les sens, se cherchent, se heurtent pour s'éguiser, se polir, s'arrondir les unes contre les autres & par ce travail laborieux acquerir la rondeur nécessaire pour tourner en Paradis.

Il y a du hazard, ou pour mieux dire du bonheur en Enfer comme en Paradis & en tous lieux. Les roues qui ne sont pas exactement rondes, sont heureuses quand elles peuvent rencontrer la roue d'un Procureur, d'un Traitant ou d'un Derviche,

che; ces dernières étant fort dures, les roues tendres comme celles des filles de joie & des femmes s'arrondissent fort facilement en se frottant contre elles, tandis que les autres plus dures n'aquièrent qu'après un tems infini leur rondeur. Par cette industrie les méchans, les procureurs & les prêtres sont utiles aux enfers.

Les roues, qui ont animé les cruches des animaux, sont semblables aux nôtres; elles sont sorties comme elles de la roue éternelle, cela est prouvé par ton monde où malgré ta sotte vanité d'animal raisonnable, tu ne connais que deux êtres, l'être divisible & l'être indivisible, que tu nommes l'ame & le corps, & que nous appellons en Enfer & en Paradis la roue & la cruche. Le *Tien* n'a pas fait une troisième espèce d'êtres, puisque tu n'en vois point dans ton monde.

Les animaux, qui sont des créatures du *Tien* comme toi, ont aussi altéré la rondeur de leurs roues dans leurs cruches à quatre pieds; en sortant de ton monde elles vont dans le Ciel y tourner un moment; si leurs roues comme celles des hommes ne sont pas exactement rondes, si elles ne peuvent tourner, on les envoit en en Enfer pour s'arondir avec les nôtres; détachées de leurs organes massifs on ne les distingue point de nos roues ; parceque les roues n'ont ni sexe ni espèce, une Duchesse frotte sa roue contre celle de son chien, de son Fermier, malgré les priviléges du tabouret.

Aux pot-pouris de mon Grand-père, je crus qu'il s'était cogné la tête contre quelques roues de moulin en traversant le Styx, il jasait si bien je ne m'en étonnais plus en rappellant le tems immense où il avait été sans parler. Ce grand babil devait être le fruit précieux des écoles de Pithagore. Son babil cependant m'étonnait encore moins que ses perpétuels déraisonnemens, je lui dis: mon Papa, il parait qu'on ne fait guères plus d'usage du sens commun dans l'autre monde que dans les écoles, excusés si je vous parle si librement, je commence à être persuadé qu'il faut avoir perdu l'esprit pour briller dans l'autre monde.

Mon Grand-père, dont la roue n'était pas encore parfaitement ronde, prit de l'humeur & me dit d'un ton railleur: voïés-vous ces jeunes gens ? ils n'ont vû que le plat païs de leur petit monde,

ils

ils recalcitrent contre l'expérience des morts & des vieillards ; l'impertinent étourdi ! de quoi ris-tu ? de votre enfer & de vôtre Paradis : ris fur toi, malheureuse cruche, répondit-il vivement, ton Paradis, ton Enfer n'ont point d'envers ni de bon côté ; ton Paradis est un don de Dieu, fon Prophête a couru dans la Lune pour t'affurer cette récompenfe & tes Derviches prêchent que ton Paradis est d'une difficulté extrême à trouver ; qu'il faut le chercher avec plus de peine que les diamans dans le fond des mines & des rivières : dis-moi, fi ton Paradis eft un don, pourquoi faut-il le chercher ? le *Tien* eft meilleur que ton Prophête, il le donne à tous les hommes & n'en prive perfonne, fon Enfer eft plus utile & mieux entendu que le tien, il arondit les roues, les met après en état de tourner parfaitement ; le Dieu de Mahomet peut perfectionner les âmes, les rendre fages & parfaites, il n'en fait rien : dis-moi cruche félée, mauvais pot de terre à deux hanches & à deux pieds ; qu'as tu à rire de la conduite du fage Xénoti ? eft-ce à caufe qu'il aime les Hommes dans ce monde & dans l'autre ?

CAL-

Calmés-vous, mon Papa, lui dis-je fort doucement, je ris de l'idée qu'une âme ou une roue puisse avoir du plaisir à tourner : volés cette bête dont la roue est terriblement quarrée & épaise, comme elle raisonne ? le *Tien* n'est-il pas tout-puissant ? ne peut-il pas accorder à la mobilité, ou mieux au mouvement perpétuel, des plaisirs dignes de lui ? le repos de la matière n'est-il pas un vice qui touche au néant. Rien ne peut exister dans le monde sans mouvement, si ton corps plat, cette longue & impertinente surface, a du plaisir lorsque tu caresses la coquine qui m'a soufflé au derrière, à qui dois-tu ce plaisir, si-non au mouvement, au frotement & à l'agitation ? Le *Tien* qui a donné du plaisir à ta surface, ne peut-il pas donner à ta roue des plaisirs dix millions de fois plus délicieux, en la mettant rapidement en mouvement, que ceux que tu goûtes avec ta garce.

Ton grand Prophète Mahomet dit que tu auras du plaisir à regarder, à admirer dans son Paradis les belles Houris aux yeux bleus, crois-tu que toujours tourner ne t'affectera point davantage ?
tes

tes extases approchent du néant, le tour‑
noiement perpétuel de l'activité du pre‑
mier principe. Mahomet borne ton Dieu
dans l'éternité à contempler son excel‑
lence, toujours s'admirer est le talent
d'un sot, le mien est dans un mouve‑
ment continuël; tes bienheureux Turcs
seront rencoignés dans leur Paradis, nos
roues seront toujours à jouïr de la délec‑
tation de tourner avec l'activité de la
roue éternelle : figure‑toi une belle gi‑
randole d'artifice, ou un Soleil tournant
en feu chinois brillant, dans un vuide
immense; au tour de lui des millions
de petits Soleils tournans en feu com‑
mun qui tournent avec la rapidité du
Grand; avoue que cela doit être joli,
sur tout dans le vuide. Cela vaut cent
fois mieux que ta Fatime sur des nuâges
avec son jupon court, ton Alli sur son
âne, ton Achmènes sur son grand Che‑
val, ton Geduc avec sa bête, & que tous
tes boiteux, tes bossus, tes estropiés &
tes onze mille Olla qui ne tourneront
point.

La tête commençait à me tourner a‑
vec celle de mon Grand‑père; ses roues,
je crois, l'avaient ébrechée, peu curieux
de

de savoir l'avenir & sur-tout de tourner ou d'avoir les bras croisés en Paradis, je demandai au Père Xan-Xung d'où sortait ma famille, quels avaient été nos premiers ayeux.

La roue éternelle ou le *Tien*, me dit-il, existe de toute éternité, chaque vibration de cette roue est un monde créé & des millions de petites roues qui vont habiter différens mondes répandus dans l'immensité du vuide pour faire du plein. Plusieurs de ces roues, comme je te l'ai dit, viennent animer ces petites cruches fragiles, qu'on appelle au bureau de l'enciclopédie *Hommes*, au bout du Pont-Notre-Dame *Sa Grandeur*, à Rome *Son Eminence*, dans l'abbaye de Ste. Geneviève, *Mon revèrend Père*, dans le port au bled *mon ami*, chès la Montigni *mon Gréluchon, mon bijoux*, & chès tes femmes du bel air *mon chat* (*) *mon Grec*. Une quantité d'autres roues vont animer, dans un mon-

(*) En 1757, 1758 & 1760 les femmes du haut file appellaient leurs maris, mon chat. Malgré la richesse & la tendresse de l'épitète, le chat n'était pas si aimé que le chien de Madame.

monde de feu pareil au pont perſan, des machines qui vivent dans le feu auſſi doucement que tes poiſſons dans l'eau.

Avant les déluges de la fable, l'an 9,000,000,000. le *Tien* ou la roue éternelle a jetté un petit grain de ſable raboteux qui a formé cette petite fourmilière que tu appelles le vaſte univers, qui n'eſt qu'un point aux yeux du Grand Xénoti. Auſſi-tôt que le grain de Sable fut fixé ſur ſon axe, le *Tien* détâcha de ſa roue une prodigieuſe quantité de petites roues qui fermentèrent dans des petites cruches de Terre glaiſe & peuplèrent ton grain de ſable. C'eſt d'une de ces cruches infiniment petites qu'eſt ſortie la ſouche de ta famille, Melchiſedec fut le ſecond. Les dévots ont cru long-tems qu'il n'avait eu ni Père ni Mère, les dévots ſe trompaient, il ſortait en ligne droite d'un nommé Xan-Xung, qui adorait la Nature & le vrai Dieu. Melchiſedec engendra un fils nommé Meldec Xan-Xung; ce dernier eut quatre enfans, l'un reſta près du Soleil, dans l'orient, le Cadet paſſa à la Chine où nos ayeux ont regné quatre mille neuf cent trente ſix lunes. Nôtre Père Hoam-ti ti dit l'Empereur Jaune, vivait, avant la grace 2697.

LES deux plus jeunes fils de Meldec Froid-fec & Chaud-dur Xan-Xung conftruifirent deux jattes de fer, fe placèrent dans chacune avec leurs époufes & par le moïen d'une bale d'aiman qu'ils jettaient en l'air & recevaient fubitement comme tes joüeurs de goblets, ils s'élevèrent jufque dans l'athmofphère. La bouffole n'étant point connue dans ce temslà, nos parens fe fervirent d'éguilles frotées d'Agnus-caftus qui les dirigeaient conftament vers la partie mitoyenne & méridionale de leurs femmes. Les Dames avaient fait peindre fur le devant de leurs jupons les dégrès de latitude, d'attitude, de longitude & de laffitude, & comme des pilotes expérimentés, elles conduifaient les jattes en tournant les éguilles vers la partie du monde, qui les affectait davantage. Ce fut par le moyen du bout du monde & le point mobile du milieu du monde que nos parens Froidfec & Chaud-dur planèrent fûrement dans les airs.

MADAME Froid-fec qui amait les amans tranfis fit tourner fa jatte vers le

ca-

Canada, où l'air froid faisant tomber l'éguille, elle descendit avec son mari sur cette Terre couverte de neige & ce couple froid peupla cette partie glacée de l'univers : Madame Chaud-dur qui aimait les amours vifs & pétulans dirigea la sienne vers l'Amérique. Ce fut elle qui donna le jour aux Américains & à la grosseur de la petite vérole.

Nous avons eu Galilée Xan-Xung, un des ancêtres du sage Philosophe Galilée, il fut brûlé à Athènes pour avoir imaginé la Crécelle. L'aréopage crut qu'un Homme n'avait pu construire une machine si ingénieuse sans l'interposition du démon de Socrates. Quelques années après, la sublime congrégation des rites de l'Aréopage inséra la Crécelle dans les rubriques pour servir de cloche le jour de la mort du Grand Pan.

Un Thomas Xan-Xung épousa en Bérry la trisaïeule de Scaron, & sa fille un certain Gille Berruyer du même païs. C'est de cette souche que sortit ton Cousin Isaac Berruyer frère Jésuite, qui a si bien travesti l'écriture sainte.

Nous avons eu le Cousin Trublet. Il naquit à S. Malo en Brétagne. Mr. son Père

Père qui voulait en faire un très petit personnage, le fit élever à Cancalle. Le jeune Trublet, nourri avec les huitres de sa Province, n'apprit jamais à penser. On trouve cette vérité dans un écrit de son siécle, où l'Auteur contemporain assure qu'il se joignit à lui pour l'aider un peu à penser. Voici le texte tel que je l'ai lu, je n'en altère pas un mot, j'aime la fidélité dans les citations.

Il me choisit pour l'aider à penser.
Trois mois entiers ensemble nous pensâmes,
Lûmes beaucoup, & rien n'imaginâmes.

CE fut à cause qu'il n'avait rien imaginé, ni rien pensé qu'il fut reçu à l'Académie.

LA Cousine Cronel, dite Frètillon, était une vierge de Théatre, qui de médiocre comédienne était dévenue une grande actrice. Son Père était un chanoine de nos Cousins. Dès l'âge de quatre ans notre Cousine Frétillon formait des G.... avec sa bavette & quand cette belle enfant pouvait attraper le chat, elle se servait de sa patte pour se grat-

gratter & de la queue pour se chatouiller; à peine eut-elle le soupçon d'une gorge naissante, qu'elle affectait des airs panchés & se conciliait d'avance la bienveillance des polissons de son voisinage.

FRETILLON ne tarda point à faire usage de ses rares talens, comme elle était d'une sagesse très-agissante, elle sacrifia généreusement les agrémens de l'innocence & de la vertu qui ne l'affectaient pas, aux plaisirs qu'elle sentait; elle disposa en faveur des Barons Allemands, des Conseillers de Rouën & des Horlogers de la même ville d'un bien qui ne pouvait rassasier qu'un Prince de théatre ou quelques gagistes de la comédie.

NOTRE parente s'étala sur les planches de l'opéra & ne fit que discorder dans les chœurs de l'Académie de Musique; elle parut au théatre français, associée à la Compagnie des Histrions du Roi, elle égala bientôt Madlle Dumenil. Notre Cousine fut appellée la merveille de son siècle, la Melpomène de la rue de la comédie & le chef-d'œuvre de l'art dramatique à cause qu'elle le prononçait bien les vers. Les Grands & les personnes prodigieusement sensées de Paris, lui firent la Cour; elle fut plus fêtée, plus léchée & plus mitonnée que Monsieur Collardeau notre Cousin qui fait si joliment des vers, parcequ'à Paris on aime, on chomme, on admire davantage un chiffon coëffé qui prononce bien les vers qu'un Auteur qui les fait bien (*).

NOTRE

(*) Une Actrice arrive à la comédie dans un char azuré. Celui, qui a composé la pièce qu'elle va représenter, y entre avec des chausses percées & croté jusqu'aux cheveux. L'actrice est chantée de tout le monde, l'Auteur est accablé d'impertinences, d'épigrammes, de chansons par ses camarades les Auteurs. Voilà comme tout est sensé à Paris & qu'un peuple conséquent distingue & honore les talens.

Des sots Provinciaux & les badauts de la capitale se font une gloire de connaitre les Actrices & les Acteurs. Dans les conversations ils se parent avec emphase de leur nom & se font un triomphe de leur avoir parlé ? j'aimerais mieux entendre un Homme se glorifier d'avoir touché un bon violon, de connaitre une excellente guittare & d'avoir un bon clavessin de Rukers. Car une Actrice aussi parfaite qu'on puisse l'imaginer, ne mérite pas plus d'égards qu'une bonne flute traversière.

Notre ..sine fut attaquée de quelques accès de dévotion; dans ses grandes douleurs elle consulta les Avocats, pour savoir si une fille qui fait son métier sur les planches pouvait être enterrée dans la Terre sainte, comme les filles de la Montigni qui le font sur des matelats. Les Avocats, après avoir examiné & pésé la Terre sainte & la Terre profane, les planches & les matelats, ont décidé que notre Cousine ne pouvait avoir de la Terre sainte à cause qu'elle travaillait sur les planches; que si elle voulait quitter les planches & travailler sur les matelats elle aurait la Terre sainte comme les filles de la Varennes & de la Dubuisson. Le Galimathias des avocats calma les remords de notre parente, car rien ne calme mieux les remords, disent les constitutions des Jésuites, que nos mauvais raisonnemens.

Le *Tien* a toujours estimé notre Cousine, Frétillon & notre famille l'a toujours aimée; beaucoup de mes filles, de mes petites nièces l'ont imitée. Toutes les familles sont arrangées de façon qu'il y a toujours des voleurs, de putains ou des Prêtres.

Le Cousin Berthier à été dans son tems un fameux confesseur. Tout Paris connait la confession honnête qu'il fit à Versailles à un Jansenifte. Ce Jésuite avait une très belle voix pour chanter la journée de la S. Barthélemi; il ne trouvait rien de plus grand, de plus tendre que cette abominable journée & après ses confrères Busembaum & La Croix rien de plus aimable que le P. Tellier & le frère Côton.

Le Marquis *du Roi de Pologne*, M. Caraccioli, était encore un de nos parens. Madame sa Mère était notre Cousine par sa Grand' Mère qui avait épousé un Xan Xung dans le tems du Carnaval à Vénise. La Mère du Cousin Marquis fut enlevée dans une étoile, parcourût pendant vingt-cinq ans ces globes lumineux, qui roulent sur nos années. Le Génie qui préside aux vents-coulis l'engroffa en lui soufflant au derrière; elle fut dix huit mois enceinte, à cause qu'il faut plus de tems pour fonder, former, organifer le crâne d'un Auteur Marquis que celui d'un Auteur plébéien. Vers la fin de Janvier Madame Caraccioli descendit de l'étoile de Sirius sur la porte d'un cou-

couvent de Capucins, où elle accoucha par le fondement, endroit ordinaire d'où sortent les vents-coulis.

Le P. Nicaise de la Villette-aux-ânes retournant le soir en son couvent, trouva l'enfant sur la porte, le prit dans ses bras. Le petit Caraccioli s'accrocha à la barbe du Révérend Père & lui fit de très innocentes caresses. Le moine touché des gentillesses de l'Enfant le porta à son Gardien, qui le donna à une Sœur du Tiers-ordre pour l'éduquer.

Le petit Caraccioli avec les secours, qui mènent les Capucins au savoir, devint un Prodige du tiers-ordre de C. François: à huit ans ce profond enfant savait son bénédicite comme un Président de Toulouse, faisait le Signe de la croix mieux que Monseigneur le Stadthouder dans la Haie & récitait plus élegament son chapelet que M. de Voltaire.

L'Habilité des Capucins développa les grands talens, qui devaient rendre notre Cousin illustre à son siècle. Pour s'attacher plus utilement aux belles lettres, il méprisa, dit-il, les Franc-maçons & l'amour. *Le fils du Dieu Mars est un avanturier que le bazard seul fait raisonner*, il préferait *l'amitié qui parlait à celle qui savait obliger*; en conséquence il aimait mieux les paroles que les louis: cependant les derniers lui auraient été plus utiles à Rome, où pour distraire son appétit, il allait lire les épithaphes, & compter les cheminées du Palais Farnèse. Il dédaignait l'amitié des Philosophes, il assurait que ce sentiment n'était chès eux qu'une *impulsion machinale du cœur, qui se porte vers une goûte de Sang*. Il annonçait que son cœur, ses poumons, son derrière & ses ongles devaient faire un jour beaucoup de bruit dans le monde *à cause que son cœur, ses poumons, ses ongles & son derrière se méleroient avec le Tonnère & renverseraient le clocher de Pantin*. Il avait trouvé le secrèt d'avaler les *Medecines sans répugnance en s'imaginant boire une* liqueur délicieuse. C'était sans doute en augmentant la somme de son imagination, qu'il croïait écrire parfaitement ; parce que selon son sistême, pour écrire parfaitement, il n'avait qu'à s'imaginer d'écrire parfaitement.

Il assomma le public de toutes les Capucinades qu'il avait retenues dans son fance. Il compare, dans ses insipides ouvrages, la Cour de France *à la toille peinte, où l'on voit des grouppes de vieilles Duchesses & d'Anciennes Baronnes s'asseoir gigantesquement sur des tabourets peints.* Ses idées sur la Divinité ont un seau de Grandeur & de Majesté qui frappe. Dieu selon lui, est comme un *Commis* de la Douane *occupé à calculer la valeur des actions des hommes.* Le Cousin n'aimait point le *chocolat*; *cette boisson rend les gens tristes, il préferait les pommes* & démontrait que ceux qui mangeaient des pommes étaient toujours plus gais. Les Normands qui mangent des pommes cinq fois le jour, ne sont cependant pas si gais que les Gascons & le Provenceaux, qui ne mangent point de pommes.

PALISSOT est encore de la famille; c'est une tâche que ce garçon dans la maison des Xan-Xung. Un George Xan-Xung voïageant en Thessalie s'amouracha du cheval Pégase . . . . . cette maudite copulation donna le jour à M. Palissot; voilà pourquoi il hennit encore sur le théatre & qu'il se passionne si noblement pour le foin nouveau & l'herbe naissante.

Abraham Chaumeix eſt notre parent du côté de ſa Grand' Mère. C'était la fille d'un Marchand de vinaigre qui avait la pratique d'un certain Théodore Xan-Xung ancien Maire d'Orléans; notre parent trouva un jour cette jolie perſonne dans ſa cuiſine, s'en amouracha & lui fit un enfant qui fut la Mère du Grand Abraham Chaumeix, qui a déclaré une guerre odieuſe & forcenée au bon ſens & aux ſages, qui cultivent paiſiblement leur raiſon.

Ses préjugés légitimes, que le petit journal de Trévoux & le mince journal Chrètien ont trouvé dignes de l'éloquence du nerveux Tertulien, ſont dignes du mépris de tous les Siècles. Dans ce bouſſiflé & ſec ouvrage Abraham s'efforça de rendre les Philoſophes & les ſages déteſtables aux idiots & aux ſimples; mais les perſonnes éclairées virent bien que les ſots & les ignorans ne pouvaient être vertueux ni honnêtes gens, à cauſe que ce que nous appellons honnête-homme eſt l'effet de la juſteſſe de l'eſprit & de l'équité du cœur.

Le Couſin Abraham, enflé du gros ſavoir de ſes productions, envoïa ſon précieux

cieux volume au ferviteur des ferviteurs, le Souverain de Rome. Le Saint Père, chatouillé de la divinité de fes ouvrages, s'écria d'une voix caffée & infaillible: Abraham Chaumeix eft l'enfant gâté des préjugés. Ce grand homme eft femblable aux puces expofées au Soleil & qui fautent & gambadent pendant la chaleur; Abraham échauffé du Soleil des Préjugés, s'efcrime, fe démène, injurie & fait merveille. Le Pape ne borna point fes bienfaits à ce compliment fublime, il lui envoïa le bref fuivant.

BREF

DU

SOUVERAIN PONTIFE

A

Maître Abraham Chaumeix

Sur l'Eftrapade, à Paris.

VÔTRE confrère M. de Voltaire, qui écrit auffi divinement que vous barbouillés prodigieufement, nous a envoié voïé, à vôtre exemple, deux Poëmes à peu près Chrétiens; le Poëme de Fontenoi & la belle tragédie de Mahomet: nous l'avons remercié de ces préfens en le canonifant auffi grand qu'il était de nos bénédictions vraiment Catholiques Apoftoliques & Romaines. Je ne fais trop ce qu'il en fera; il a cependant promis, s'il faifait Soleil la veille de Noël, d'amener à la meffe de minuit les belles filles du Valais, Madame l'Etrange & les Pêcheurs du lac de Genève: cela ferait bien édifiant de voir le plus beau Génie de l'Europe & les beaux Génies Suiffes venir dire Amen à la belle oraifon de la vierge, que nous chantons à la Poft-Communion. Mais entre nous, Abraham; nous ne croïons point que M. de Voltaire ait beaucoup de foi à nos bénédictions. Si quelqu'un de nos citoyens Romains avait compofé la moitié des chofes édifiantes, qu'il a écrites fur nous, nous ne lui euffions envoïé nos bénédictions qu'*in articulo mortis*, précifément fur la fin d'un Aulo da-fé, où il aurait fait la décoration & le divertiffement. Vous avouerés, Maître Abraham, que M. de Voltaire eft plaifant, d'envoïer

voïer à un Pape l'histoire de Mahomet ; n'est-ce point à peu près ce qu'on appelle, parler de corde dans la maison d'un pendu.

Quoique ce grand Poëte soit surchargé de nos bénédictions, ne vous avisés point de l'imiter, il est trop raisonnable, il estime les Enciclopédistes, il a fait de beaux articles pour leur dictionnaire, il a des préjugés légitimes que vous êtes un sot, ne vous découragés pas, ô Grand Chaumeix ! montrés hardiment votre petit poingt aux Philosophes, faites tomber si vous pouvés le bon sens & la raison ; depuis qu'ils gagnent du terrein j'en perds, les Jésuites ne sont plus, leur chute me fait trembler, le parlement de Paris m'a lié les mains, on commence à croire que l'infaillibilité de l'Egise n'est plus dans une seule tête, ni renfermée dans les murs de Rome ; que les Cardinaux successeurs des anciens Curés de cette ville n'ont pas plus de droit de faire un chef Italien, que n'en ont les enfans de chœur de la Sainte Chapelle de nommer le P. Haïer Gardien du couvent du faubourg S. Laurent : continués, ô cher Abraham, à déshonorer la raison humaine, elle nous fait un tort si considérable qu'elle mérite vôtre indignation ; que les brouillards épais des préjugés tombent sur vous, ne vous lassés point d'écrire avec vôtre plume mal taillée, contre les gens raisonnables, la perte du fanatisme & de la superstition. Donné à Rome, le treisième jour des Kalendes, de S. Mathurin, dans le Palais des pécheurs, plus beau que celui de Pierre & de Paul.

Ce bref acheva de tourner la tête à nôtre parent ; il écrivit, il compila, & mit l'allarme dans tous les poulaliers dévots. Le mauvais succès de ses ouvrages le dégoûta du métier d'écrivain griffonnier, il se fit espion des zèlés de l'état.

Dix heures sonnèrent à la Samaritaine, mon Grand-père se tût. Manette ennuiée d'une conversation, où elle n'entendait rien, s'était couchée ; j'allai la trouver au lit, elle bouda un peu : vôtre Grand-père, me dit elle, est bien impertinent pour un vieux Seigneur ; les morts sont aussi durs que les Pères & Mères ; je n'aime point les morts ; tien, mon petit, j'aime mieux les vivans,

vans, on ne fait rien avec les trépaſſés. Je compris ce que voulait Manette.
C'eſt un talent bien doux & bien agréable dans une fille que la conception.

Je quittai Manette, je louäi un quartier dans la rue Montmartre, où je trouvai trois pièces, un Cabinèt & une chambre audeſſus du Cabinèt. Quelques jours
après je fis la connaiſſance d'une jolie
fille, elle ſortait du couvent de la Varennes. La Vermandoiſe était curieuſe,
comme j'avais eu l'attention de ne pas la
laiſſer entrer dans le Cabinèt, elle vou-
lùt ſavoir ce que je faiſais toute la journée dans cet endroit; ſans paraître trop
empreſſé à la ſatisfaire, je lui dis d'un
ton negligé, que j'y goûtais des plaiſirs
inexprimables. J'avais poſé la Momie
ſur un piedeſtal, au bas j'avais écrit:
celui qui ſoufflera au derrière de cette
Momie, l'entendra parler & verra des
choſes merveilleuſes.

La Vermandoiſe m'obſédait jour &
nuit pour voir la Momie: un matin me
croïant endormi, elle s'empara de la clef
du Cabinet; pour la laiſſer libre, je me
levai ſous le prétexte de rendre une vi-
ſité au Marais; je ſortis, je montai dou-

cement à la chambre au deſſus du Cabinèt; dès que je fus parti la nouvelle Eve s'habilla, alla au Cabinet, y reſta une heure, au bout de ce tems j'entendis les cris de la Vermandoiſe & la voix de mon Grand-père; je deſcendis ſubitement; la pauvre fille était dans un état viſible, je la ſoulageai, elle vomiſſait mille injures; mon Grand-père me chapîtrait: tu ès bien libertin, tu changes ſouvent de coquines, l'Argent de ton Père eſt maudit; hélas pauvres parens, économiſés, donnés-vous des peines pour faire valoir vôtre bien, un coquin d'enfant, un jeune étourdi moiſſonne, conſume dans ſix mois le fruit de vos travaux immenſes & pour lui l'équivalent de la raiſon.

Je repréſentai à mon aïeul la néceſſité où j'étais d'avoir une fille pour le faire parler, l'impoſſibilité de conſerver celle qui avait tâté de l'expérience & éſſuié les conditions diſgracieuſes du teſtament. Mon Grand-père avait aimé les femmes, il ſe radoucit & me dit: il faut que la jeuneſſe ſe paſſe, j'aime mieux te trouver dans les bras d'une fille que dans un cabarèt; les bras d'une fille ſont plus
hon-

honnêtes qu'un cabaret. Du tems de François premier nous faisions l'amour dans les tavernes, le Soleil du vin échauffait nos cœurs, nos Maîtresses s'énivraient avec nous, nos soupirs amoureux ne s'élançaient dans les airs que lardés de gros hoquets vineux, on est plus sage dans ton siècle, les filles ne sont pas tâchées de vin, on fait l'amour à sec.

Mon Grand-père voulût voir Paris, je pris un fiacre, nous passâmes au Pontneuf; il fit arrêter la voiture vis-à-vis d'Henri IV. il donna des larmes de tendresse à ce grand Prince: j'ai vû sa roue dans l'enfer, elle n'y resta qu'un moment, elle ne s'était presque point altérée dans son vase & hors quelques plis de cotillon qu'on redresse aisément, elle était exactement ronde. Voilà le plus grand de tes Rois, le plus approchant de Xénoti, digne en tout sens de la Couronne de François premier.

Plus loin mon Grand-père fut frappé de la Majesté du Louvre; en visitant cet édifice, il s'arrêta vis-à-vis d'une grande porte où l'on avait craïonné avec du charbon quarante figures: qu'est ce que ce barbouillage, me dit-il? Papa ce font les quarante immortels: qui font ces immortels? nous ne connaiſſions point des hommes de cette race du tems de François premier; je le crois, vôtre fiècle fortait à peine de la Barbarie & de l'ignorance; mais dans le fiècle des lumières, des petites têtes & des chapeaux plats, nous avons des immortels fixés ordinairement par la police au nombre de quarante: que dit ce bavard avec fa police & fes immortels? ce font les quarante Meſſieurs receveurs des jettons de l'Acadé..e Françaiſe, qui ont donné à toute l'Eurôpe des ſignes éclatans d'immortalité en étudiant vingt cinq ans la lettre A; enfin ce font des favans qui ont décidé qu'il fallait dire vis-à-vis des porcherons & non pas vis-à-vis les porcherons, parceque vis-à-vis régit le génitif: dans ton fiècle de lumières, tu donnes l'immortalité bien généreuſement; du tems de François premier on ne l'accordait qu'à ceux, qui faiſaient bonne contenance vis-à-vis de l'ennemi & qui repouſſaient vis-à-vis d'eux les Troupes de Charles-quint.

Je conduiſais mon Grand-père chès un de mes amis dans la rue S. Victor, en traversant celle de la Boucherie, la portière du fiacre s'ouvrit, la Momie tomba, un chien de boucher sauta dessus, la prit par la gorge & l'emporta: je sautai de la voiture, je courrus après mon Grand-pére en suivant toujours le chien, il entra avec sa proïe dans l'Eglise de S. Sévérin, où l'on chantait la messe d'un enterrement; on était à ce que les bonnes gens appellent *l'élévation*; le malheureux chien, sans être apperçu, alla déposer mon Grand-père sous le Poële du Mort, à dessein sans doute de le ronger plus à son aise. Un enfant de chœur, qui encensait le cadavre apperçût la quëue du chien, lui donna un coup d'encensoir qui lui fit lâcher prise, il sortit de dessous le Poële, où il laissa la Momie.

Mon Grand-père encore étourdi, ne voïant pas le jour sous l'épaisseur du drap mortuäire crût d'abord être englouti dans le ventre du chien, il se mit à crier, a jurer, à tempêter. Les assistans éffrayés croïant que c'était le mort qui revenait se sauvèrent. Le Prêtre, qui n'avait pas la conscience trop nette, laissa le Sacrifice & prit la fuite comme les autres. Je me trouvai tout-à-coup feul dans l'Eglife, je tirai mon Grand-père de deffous le Poële, le bon Homme fans refpect pour le lieu faint me dit: malheureux tu fais toujours de belles étourderies, s'il y a un mauvais fiacre à Paris, tu le choifis par préférence, tu ès un Sot, fans le fecours de Xénoti, ce chien comme tes Procureurs m'allait gruger jufqu'aux os.

L'APRES midi je menai mon Grandpère fur les Boulevards, je le pofai fur une vieille futaille à la porte du grand caffé. Le Papa s'amufa à chanter poule aux paffans. Il vit un Caroffe garni de quatre Abbés commendataires, il fe mit à crier: Meffieurs, cherchés-vous des filles de joïe? allés à la barrière Sainte Anne, ou dans la petite rue du chantre; du tems de François premier, il y avait toujours une garce dans cette ruë. Il vit Monfieur D.... Fermier Général; écoutés, lui dit-il, je fais que vous connaiffés la multiplication des deniers, mais vous avés fait une fottife d'imprimer à vos dépens ce gros in quarto contre l'efprit des loix; croïés moi, ne fortés point du mérite de calculer le profit des cinq
grof-

grosses fermes, & ne mettés point vôtre fils en prison pour chatoüiller vos confrères.

Il vit passer un Abbé de S. Malo. M. le Diacre vous vous pavanés un peu trop, regardés au moins les gens ? vous êtes bien fier ? comment est-on si chargé de gloire pour avoir complimenté le Cardinal Richelieu & vos trente neuf immortels ? tâchés, M. l'Abbé, de ne pas tant nous démontrer que deux & deux font quatre; vous êtes comme ces villageois, qui ne savent ni lire ni écrire, ils attendent la fin du Pseaume pour chanter & ne cessent de crier quand ils ont une fois attrappé le *gloria Patri*. Il vit passer M. Waspe, eh Fréron tai toi : l'Auteur de l'année litteraire avança, mon Grandpère lui cracha au nez, en lui disant: tiens voilà ce que j'avais à te dire. Il vit Monseigneur Christophe, mon Grandpère l'appella; ce bon Prélat eut la complaisance de faire avancer sa voiture & dit au bon Homme Xan-Xung: êtes-vous, mon cher Frère, cette Momie parlante ? oui, Monseigneur: avés vous un billet de confession ? non, Monseigneur: que dit-on de mes passeports dans l'autre mon-

monde ? rien du tout, Monſeigneur. Que dit-on de moi? rien du tout Monſeigneur: cela m'étonne, le Père Batouillet cependant m'aſſurait que S. Ignace, . . . que dit-on des Janſéniſtes? de très bonnes choſes; comme leurs roues ſont plus dures que celles de vos bons amis les Moliniſtes, nous les fêtons quand elles arrivent, elles ſervent à nous polir & à nous rendre dignes de tourner plûtôt chès le Grand Xénoti. Cette converſation ne plaiſait point au Prélat, il changea de propos: vous avés vecu du tems de François premier, qu'étaient les Archevêques dans ce tems-là? ils tracaſſaient les vivans & les mourans & de certains étaient auſſi fana . . . . il ne pût achever, l'heure ſonna, mon Grandpère ſe tut.

La faculté de Médecine de Paris, la communauté des Chirurgiens Barbiers de Paris (*) & la bande des Apoticaires de Paris

---

(*) Les Chirurgiens de Paris pour ſe rapprocher davantage des Médecins, ne raſent plus, ils ont tort, le raſoir entretient la légéreté de la main. L'état ferait bien de leur ordonner de raſer. Le public eſt dupe de cette petite vanité.

Paris s'assemblèrent à S. Côme pour examiner la Momie de mon Grand-père, les symtômes de sa diarrhée & la bonne ou mauvaise qualité de sa matière louäble. On coucha le bon Homme Xan-Xung, favori de François premier, sur la table où l'on étale les pendus & où le scapel à la main on cherche dans un cadavre puänt les moyens les meilleurs possibles de guérir les vivans. M. le Doïen, qui avait plus de perruque que de tête, était orné d'une antique ruche à deux manches, qui lui tombaient horizontallement sur les épaules, les deux boudins & toute la capacité du gazon étaient frisés comme le boïau Rectum: ce sçavantissime Docteur prononça d'un ton fluté le discours suivant.

CE n'est plus le tems, Messieurs, où l'ignorance en bonnet quarré & en plat colèt, était assise dans nos écoles. Nôtre science est aujourd'hui la Reine des sciences, *Regina cœli letare Alleluia*; nous ne sommes plus dans ces siècles sistématiques, où nos célèbres dévanciers soutenaient, que le sang passait du cœur dans les veines & qu'il n'en revenait d'aucun endroit dans le cœur; que le cerveau
n'é-

n'était qu'une maſſe compoſée d'eau & de chair, qui ne contenait aucun ſang & était privée de ſentiment; l'office de cette maſſe froide était de tempérer les chaleurs du cœur; combien de tems la Médecine a-t'elle été partagée pour ſavoir ſi Adam avait eu un nombril (*)?

Ces queſtions, qui inſinuaient prodigieuſement ſur l'art de guérir, ont été perfectionnées dans nôtre ſiècle : c'eſt depuis peu que nous avons découvert que la mort des pendus était délicieuſe, à cauſe que la corde, ſerrant étroitement le Col du patient, interrompait la circulation & obligeait le ſang à réfluër rapidement vers la plante des pieds, ce qui lui occaſionnait un chatouillement voluptueux. Cette découverte importante était réſervée à un ſiècle auſſi ſolide que le nôtre. C'eſt depuis peu que nous avons trouvé que le cœur était du côté droit : que la méthode de ſe procurer des garçons était de faire coucher ſa fem-

––––––

(*) Dans la petite, petite Univerſité de Douäi, l'ignorante faculté de Médecine ſoutenait encore en 1745. cette utile queſtion : *utrum Adamus habuerit umbelicum.*

femme fur le côté gauche & que le moïen de guérir radicalement une maladie, étoit de conclure favament d'une quantité de raifonnemens gauches.

Nos adverfaires, qui nous regardent comme les ennemis de la fanté, font des calculs, des raifonnemens qui nous feraient tort, fi nous n'étions pas médecins. Ces difcoureurs affurent que toutes les maladies ont leur commencement, leur perfection & leur fin, que malgré notre favoir nous ne pouvons rien changer au cours naturel des maladies, leur marche a refifté fièrement jufqu'ici aux connaiffances & aux remèdes de la faculté. La fièvre, malgré fes fymptômes caractérifés & les miffions des pouls que nous avons tâtés, eft encore un miftère pour nous & nous n'euffions pu la guérir, fi les gens qui nous fourniffent du poivre, n'avaient apporté en Europe une racine amère qui vient à côté du fucre qui n'eft point amer, amarus, amara, amarum.

La plûpart de nos fecrèts, de nos grands remèdes & de nôtre fcience font le travail des ignorans ou des animaux. Sans les mâtins le chiendent ferait in-

corconnu; sans la Cycogne le clistère serait inconnu; sans les chats l'herbe de ce nom serait inconnue & sans les sots notre art serait inconnu.

Nous avons, Messieurs, dans cette Momie un sujèt nouveau de guérir les hommes. La matière louäble, qui va sortir de ce vieux cadavre nous donnera la connaissance de la bonne ou mauvaise qualité de la matière louäble du tems de François premier; ne laissons pas échaper à notre sagacité le moindre globule d'une matière si intéressante & si précieuse aux progrès de la médécine : entourons, respectables Docteurs, cette Momie & à l'instant qu'on lui soufflera au derrière, que le Docteur Cantharida mortuus, & le Docteur superlativus perfectus tiennent chacun une montre à secondes pour calculer le tems & la vitesse de son écoulement; que le Docteur Perobitum-Obiit approche un thermomètre à la hauteur de l'anus, que les deux plus anciens de la faculté le nez sur le derrière de la Momie, examinent attentivement l'ouverture : n'échapons rien, Messieurs, prénons la matière louäble sur le fait. Les Docteurs s'arrangèrent
gra-

gravement au derrière de mon Grand-père.

La faculté avait nommé pour souffler au derrière du Grand Tonquin de la Chine, les deux anciens apoticaires de Paris. Les vise-au-trou, accablés d'années, n'avaient ni dents ni poumons, ils soufflèrent une heure & la parole ne vint point: on fut obligé de tirer au sort. Le hazard, sous l'Empire de la providence, fit tomber le choix sur un apoticaire de la Rue Jacob. Ce souffle-boudin fit jouer la mine & mon Grand-père commença à parler.

Le vieillard incrédule en médecine & en bien d'autres choses me gronda: que fais-tu avec ces ânes? que me veulent-ils? Papa, c'est l'intelligente & capacieuse faculté de Paris, qui veut examiner vôtre matière louäble: te paieront-ils? oui assurément: en ce cas je me prête à ta fortune.

Les Médecins familiarisés par vocation & par goût avec le pot de chambre & la matière louäble, avaient le nez collé sur la fiante de mon Grand-père, ils calculaient, palpaient l'épaisseur de chaque globule. M. Morau, un scapel d'or
à

à la main, divisait, subdivisait chaque molécule & séparait anatomiquement avec sa dextérité ordinaire les parties solides des liquides.

Les excrémens séjournés long-tems dans les intestins de Monsieur, dit-il, ont eu tout le tems de se délayer depuis François premier & selon notre science de *contraria contrariis*, je décide que le corps de Monsieur, venant à se durifier, se pétrifier, se momifier, a donné, à mesure de sa densité, un dégré égal de liquidité à la matière louäble; ce qui l'a rendue telle que nous la voyons aujourd'hui; à cause que la somme de la densité étant égale à la somme de la liquidité, il résulte une égalité parfaite: *quia liquiditas équilibrium est summa virtus & summos virtutes*. Le corps de métier des Barbiers Chirurgiens de Paris, la bande des apoticaires de Paris applaudirent à l'éloquence de M. Morau.

La célèbre école de Médécine, qui voulait pousser les observations plus loin, questionna mon Grand-père. M. le Doïen lui demanda comment il vivait du tems de François premier : sur le bon-ton, croiés-vous que je vivais dans un grénier

nier comme vos Fraters de S. Côme, les fiacres du Carousel, & les crocheteurs du port S. Paul: de vôtre tems n'avés-vous pas donné dans les filles de théâtre? ces nymphes font changer la nature de la matière louäble; Christophe Colomb leur a parlé à l'oreille, elles donnent des faveurs, on les leur rend, & ces donnés, ces rendus font fatals à la société & à la matière louäble . . . . allons répondés-nous, aimiés-vous les femmes? certainement, je les adore toujours, notre goût pour elles est si beau, il a été imprimé dans nos cœurs avec tant d'inclination par le *Tien* que nous les idolatrons encore dans l'autre monde.

M. le Doyen, qui était mécontent de sa femme, répondit froidement: hélas ce sexe, que vous chérissés tant, est cependant funeste à la santé: du tems de François premier, dit mon Grand-père, il entrétenait nos jours; le plaisir qu'il me procurait, me mettait de meilleure humeur & l'âme mieux disposée repousse plus aisément les qualités ennemies qui l'assiègent. J'observais que les filles du monde, toujours agitées délicieusement

O par

par le plaisir, étaient à l'abri de mille maladies; comment voulés-vous qu'une chose triste, comme la fièvre, attaque une chose gaie comme une fille de joïe? elle est toujours en l'air, son corps est dans l'agitation continuelle du plaisir, par où la fièvre irait-elle la surprendre? Les filles étaient la pierre de touche de ma santé, quand je répondais à leurs caresses j'étais certain de me bien porter: ne purgiés-vous pas quelquefois du tems de François premier? non, je prénais des filles; je m'en trouvais parfaitement bien; la femme est un remède divin quoi qu'en dise S. Jean Chrisostôme & le frère Croiset de la Compagnie de Jésus: François premier n'avait-il pas un médecin? ouï, il avait un médecin & un confesseur, mais comme Sa Majesté avait de l'esprit & de la santé, elle ne se servait ni de l'un ni de l'autre: la Cour n'avait donc point de foi à nôtre science si profonde, si babillarde, si arbitraire, si confuse & si opiniâtre? non, la Cour de François premier ne croïait pas aux charlatans, aux médecins & aux moines: je ne suis pas surpris que vous soïés mort: ah ma foi! il était tems, je mourus à

l'âge

l'âge de cent trois ans, vous voïés que j'ai vecu assés honnêtement.

M. le Doïen continua ses questions: à quelle heure vous couchiés-vous du tems de François premier? au jour: à quelle heure vous leviés-vous? à Midy: à quoi passiés vous vôtre tems? à caresser les filles de joye que nous menions au cabaret; nous ne faisions pas la dépense des petites-maisons, les cabarets sont faits pour quelque chose; en tems de guerre, nous nous battions comme des braves, nous aimions le Roi, nous l'accompagnions à la chasse & nous faisions des contes: ne vous échauffiés-vous pas trop à la lecture? nous ne lisions jamais, la plupart des Seigneurs ne savaient point lire: ne vous fatiguiés-vous pas trop à des courses? si, nous courions les tournois, nous disputions les bâgues, on s'estropiait plus souvent qu'on s'amusait; c'était le goût de la Cour, il nous entrainait: ne sentiés-vous point des emprêmes en allant au cabinet, c'est-à-dire des envies d'aller voir vôtre Procureur? assurément, je n'y allais jamais sans avoir envie: tant pis c'est un mauvais signe; combien de fois y alliés-vous dans la journée ? une fois : figne d'une grande maladie, la grande régularité & la grande fanté font des prognoftics de maladie, parceque la fanté précède toujours la maladie, *Sanitas ipfa morbus eft*; ne fentiés-vous point des inquiétudes dans les inteftins ? je n'étais inquiet de rien, je ne m'occupais point de mes inteftins : très mal fait, grande négligence de vôtre part, il faut s'occuper de fes inteftins, ils font fi étroitement unis avec nous, que nous leur devons des égards; la Nature a gravé cet amour pour nos inteftins fur la matière louäble, elle lui a imprimé un caractère de tendreffe que nous remarquons d'un bout de l'univers à l'autre. Tous les hommes qui font leur Cas en plein air, regardent toujours le cher fruit qu'ils viennent de mettre au monde, un bon Père doit toujours avoir des entrailles pour fes enfans & aimer fes inteftins.

Mon Grand-père ennuïé des queftions de M. le Doïen l'envoïa militairement au Diable avec toute l'énergie du règne de François premier. La faculté ne pouvant difcerner fi la matière louäble des Anciens était préférable à celle des Moderdernes, décida que sa nature était encore inconnue, comme toutes les maladies dont la Médecine se mêle de guérir. On me donna dix Louïs. Je reportai mon Grand-père à la maison.

Mes amis m'avaient conseillé de porter la Momie à Versailles comme une rareté digne du Roi. Pour ménager l'argent je pris la galiotte jusqu'à S. Cloud: comme il y a toujours de l'extrême bonne compagnie dans cette voiture, je profitai de celle de six Poissardes & de quelques femmes des Halles. Une de ces Dames apperçût la Momie & s'écria tout-à-coup: eh voir! ma Commère, qu'elle drôle de chose! elles vinrent au tour de moi, qu'est que celà, nôtre joli Monsieur, me dirent elles? Mesdames, c'est une Momie: voir, Monsieur a pêché-ça à la ligne à Monfaucon, où il a cueilli ça sur l'arbre des *Branleux*; dans la forêt d'Orléans il y a du bois qui porte de ces biaux fruits; c'est apparament, dit une autre, la tante à Monsieur! il me paraît qu'il a de braves parens; ce n'est pas graces au Ciel la première de vôtre famille, n'est il pas vrai Monsieur? vôtre tante, dit une vieille poissarde, pêchait la main nuë dans les poches? c'est un bon métier quand Charlot ne trouble point le négoce: au reste dit une autre, cela ne fait rien à l'honneur de Monsieur, la tante à peut-être été bien Confessée? va, dit la Commère Gerniffle, de cent de noïés pas un de sauvé, de cent de pendus pas un de perdu.

Une de ces poissardes parcourût plus attentivement la Momie ; frappée de l'inattention de ses Compagnes, elle s'écria avec vivacité : aihe Huri de Chaïo! voiés donc ce n'est point la tante à Monsieur, c'est son Grand-père, hé. . il en a pour ceux lia sans lui rendre son reste : oh! Cousine Babet, dit une autre, sainte Géneviève que celà est pitoyable! c'est pis que not' Homme quand il est d'sous ; si tu veux un lavement de Barbarie avec un chalumiau de trippes, le Grand-père de Monsieur a un très beau chalumiau, ça aviont l'air d'une vieille corde de basse ratatinée . . hé hé commère regarde les deux voisins du Grand-père, on dirait deux vieilles amplâtres d'onguent de la Mère . . . tiens, la Gerniffle, prens ça pour te faire des mouches, tu en mettions quelquefois, ta viande se gâte: tais-toi chienne de garce, dit Madame Gerniffle en colère, tu n'aurais pas fait trois enfans, si tu n'avois trouvé que ces amplâtres: voïés cette gueuse, repartit l'autre, son Homme n'en a pas un plus rude, mais la putain sait où en trouver d'autres.

Ces femmes allaient se battre; pour distraire leur colère, je leur dis : Mesdames, cette Momie parle; pour le faire parler il faut lui souffler au derrière: commère, dit l'une, cela devions être plaisant, pardi soufflons lui au cul, il a les fesses aussi dures que le violon de S. Jean des Ménestriers de la rue. S. Martin (*) elles disputèrent la quelle soufflerait la première. La grande Gerniffle eut tous les honneurs, la Momie lui remplit la face & sa grosse gorge de matière louäble: oh le jean F.. de Grand-père! s'écria-t-elle, que le B....est puänt! il faut qu'il ait avalé quelques garces! mon Grand-père qui avait vécu à la Cour de François premier, jurait comme nos vieux Seigneurs, fit chorus avec les poissardes. Ces femmes moins étonnées de l'entendre parler,

(*) On voit à la porte de S. Jean des Ménestriers un saint qui joue parfaitement du violon.

ler que preſſées de ripoſter, lui dirent: voïés ce niquedouille de Trépaſſé, il eſt furieuſement en gueule! ſais-tu vilain que je tenions tête à dix hommes & que je nous F.... d'un revenant, tu n'ès bon à rien, je patientons de nos Hommes, ils jurons; mais Dame, ils nous faiſons plaiſir, ils nous chatouillions où ça nous démange, mais ton boyau de chat, que ferions nous avec... Putains, maquerelles, dix millions de garces, vous tairés-vous, dit mon Grand-père; toi, tu as fait ton mari cornard, toi tu as vendu ton chien d'honneur pour une chopine au gros caillou, toi gueuſe de Françoiſe tu as porté le colier du pilori... ces chiens de défunts, dit la Commère Manon, étions comme les gens d'égliſe, ils décrions les honnêtes femmes de trafic par charité: vierge de corps de garde, veus-tu te taire? tu as fait trois enfans avant de te marier: il vaut mieux, vieux pénard, faire trois enfans qu'un veau, avec ton chien d'anchois tu n'aurais pu faire un poil: ne vous fâchés pas, Monſieur le Grand-père, dit une autre, vous êtes tout noir de colère; Javotte apporte un coup de rogum à Monſieur,

un

un bon verre de sacré-chien tout pur, ça lui fondra la rage qu'il avons dans le cœur; oui dit javotte voilà une belle face de cul-grillé, si l'on avait de cette race on pourrait jetter le Père dans l'eau: chiennes de coquines vous tairés-vous, dit encore une fois mon Grand-père, ces femmes s'échauffèrent, une plus vive que les autres prit la Momie & la jetta dans la rivière.

Sans me fâcher inutilement contre ces femmes, je païai le bâtelier, je me fis mener à bord, je suivis le cours de la Seine. Mon Grand-père jurait, tempêtait dans l'eau comme le Tonnère dans les nues. Il fut rendu plutôt que moi aux filets de S. Cloud. Les pêcheurs voïant floter un Cadavre, entendant des cris, crûrent que c'était un négre, ils pêchèrent mon Grand-père; aussi-tôt qu'il fut à terre il commença à jurer, les pêcheurs & le peuple attroupés fuirent en faisant des signes de croix, les bâteliers croïaient avoir pêché le diable. Mon Grand-père m'accabla d'un million d'injures: crâne à l'envers, chien d'insensé, malheureux étourdi, tu ne vois que de la canaille, de la mauvaise compagnie.... si ton père savait ta conduite... tu voïages avec des maquerelles, des poissardes.

La frayeur du Diable avait allarmé tout S. Cloud, des fanatiques qui me croyaient d'intelligence avec l'esprit malin voulaient m'arrêter; quelques personnes instruites de l'histoire de la Momie les empêchèrent & cette scène se termina comme les avantures, qui arrivent en France, par la plaisanterie & le sarcasme. Mon Grand-père, qui se souvenait d'avoir été Xon-quin à la Chine & favori de François premier, était gros d'humeur: il faut que tu me ramènes à Paris, me dit il, je te défens de me souffler d'avantage au derrière & sur tout de me conduire à la Cour. Le bon Homme avait beau ménacer, j'étais le Maître; la nuit étant venue, nous couchâmes à S. Cloud.

J'arrivai le lendemain de bonne-heure à Versailles. Je fus adressé à un Seigneur intendant des menus plaisirs de Sa Majesté, je restai trois heures dans l'antichambre avant d'avoir audience. Les laquais en passant & repassant me regardaient avec l'insolence des laquais des Grands.

Grands. Je parûs devant l'intendant des petits plaisirs de Sa Majesté: Monseigneur, je désirerais montrer au Roi une Momie. L'intendant me regarda d'un œil caustique, leva les épaules & me dit : voilà un plaisant cadeau à donner au Roi, quelle est cette Momie? Monseigneur, c'est celle de mon Grand-père. Le Roi se F... de ton Grand-père, sortes-tu de l'hôpital? si tu apportais la Momie du général des Jésuites, comme on parle beaucoup de ces frippons, tu ferais peut-être fortune? les Jansenistes te paieraient largement. Monseigneur, la Momie que je veux présenter à Sa Majesté est une Momie parlante: va, il n'en manque point à la Cour, la vieille Duchesse . . . . Madame de . . . . la . . . . la . . . . nous ennuient assés, on les souffre à cause de l'étiquette du tabouret . . . . allons fais apporter ta Momie. Avant il faut s'il vous plait que j'avertisse vôtre Grandeur que le Dieu Xénoti . . . . qu'est-ce que ton Dieu Xénoti? n'est-ce pas celui qui a fait la messe, qui fut conçû de l'Ange Gabriel, né de Ponce Pilate, condamné à mort par la Vierge Marie,

& enterré dans la Sainte Chapelle de Jérufalem avec fon bon ami Barrabas . . . . je me rapelle encore mon Catéchifme, c'eft un tréfor que la mémoire (*) : non, Monfeigneur ; Xénoti ou le *Tien* eft le Dieu de la Chine . . . . eh bien ! ton *Tien* qu'a-t-il fait avec ta Momie ? pour la faire parler il exige qu'on lui fouffle au derrière & dans le moment qu'on lui fouffle au derrière, mon Grand père décharge dans la Phifionomie du fouffleur une quantité honnête de matière louäble : comment B. . . . dit le Monfeigneur des menus, tu viens me faire perdre le tems, je dois aller chès la petite . . . . & tu m'amufes avec des fornettes : il me fit chaffer à coup de bâton, fes gens ne m'épargnèrent point. Je fentis alors que mon Grand-père connaiffait la Cour & avait demeuré à celle de François prémier. Je retournai triftement à Paris.

DEUX jours après je fus épris des charmes

―――――――――――

(*) Les dévots ne doivent pas s'étonner du difcours de M. l'intendant des menus ; à la Cour on fe pique d'aimer le Roi & de ne point favoir du tout fon Catéchifme.

mes d'une jeune perfonne ; c'était plutôt une divinité qu'une mortelle, un efprit cultivé, une raifon folide, un cœur tendre & fenfible, une conftance immuäble formaient le caractère & l'ame d'Ephigénie.

Je rencontrai le foir cette belle fille affife fur une pierre, fous les Jardins de l'infante; elle paraiffait fatiguée, je l'abordai avec ce ton aifé qu'on aborde à Paris les filles qu'on trouve le foir ifolées le long des Thuilleries ou du Luxembourg. Ephigénie vit mon erreur: ne me prenés pas, Monfieur, pour une fille du monde, je fuis étrangère, j'arrive au moment à Paris, je ne connais point cette ville; je ne fais-même où je pourrai me retirer en fûreté ; fi la vertu a encore des droits fur les cœurs, fi votre âme eft capable de foutenir l'innocence, trouvés-moi un logement où je puiffe être fans crainte ; mon eftime, mon amitié, ma reconnaiffance plus conftans qu'un inftant de plaifir plairont mieux à votre cœur & me rendront plus dignes de vous.

Ce langage nouveau me furprit, je me prêtai de toute mon âme à obliger une si belle personne ; j'ai toujours eu la vanité de faire le bien. J'appellai un fiacre, je conduisis la belle étrangère dans une chambre garnie à côté de la mienne. Notre connaissance devint plus chère, mes procédés honnêtes, encore plus, je l'ose dire, la naïveté de mon cœur me méritèrent celui d'Ephigenie. Nous fûmes unis des liens de l'amour, nous prîmes la vérité pour le témoin de nôtre tendresse & nos nœuds fûrent aussi saints, aussi respectables que s'ils avaient été serrés par des céremonies qui ne disent rien au cœur.

Ephigenie en s'unissant à moi m'avait demandé une grace, sans laquelle je ne pouvais aspirer à la posséder : ne me questionnés jamais, me dit-elle, sur le lieu de ma naissance, sur mon nom, sur mes malheurs. Je suis de condition, je n'ai jamais eu à rougir d'aucune action de ma vie, la vertu a toujours brûlé dans mon cœur, vous êtes mon premier amant, le seul homme que j'aime & le seul que j'aimerai.

Je n'avais point parlé à ma femme de la Momie ; elle la trouva un jour, me demanda, ce que c'était que ce cadavre ?

vre: je lui contai l'histoire & les clauses du testament; ah! cher époux me dit-elle, quelle importante ressource dans notre faible fortune! Cette Momie fournira à nos besoins, il faut peu aux sages, ce sera moi qui soufflera au derrière du Grand-père chaque fois que nous en aurons besoin, mon cœur qui t'aime le fera sans répugnance: non, chère épouse, lui dis-je en l'embrassant, nous ne serons point réduits à cette humiliante nécessité. Une centaine de Louis, qui nous restent, notre économie, le tems, l'occasion, le bonheur, nous empêcheront de recourir à un moïen si dégoûtant. Malgré mes raisons, ma femme souffla quelque tems après au derrière de mon Grand-père.

Femmes agréables de Paris, petites Maîtresses, visages peints, cœurs plâtrés, vous blâmerés sans doute le mauvais goût de Madame Xan-Xung, hélas! vous eussiés soufflé comme elle au derrière du Grand Xon-quin de la Chine, non point pour un mari, cet animal n'est pas fait pour mériter vos soins; mais pour rendre la vie à un petit chien idolâtré, pour arracher un amant d'éclat

d'ud'une rivale illuſtre ; ouï, le cul de mon Grand-père ſerait bientôt uſé de vos baiſers careſſans, s'il pouvait vous donner la beauté triomphante d'Ephigénie.

Ma compagne profita de mon abſence pour ſouffler au derrière du favori de François premier. Le bon Homme ébloui de ſes appas, enchanté de ſon eſprit, s'applaudiſſait de notre union ; il me félicita ſur mon bon goût : tu ès plus heureux, me dit-il mon enfant, que François premier. Diane de Poitiers, Madame d'Eſtampes, Françoiſe de Foix & ta Grand' Mère étaient des beautés communes en comparaiſon de ta femme ; ô Dieu Xénoti ! rends moi la chaleur du Printems, accorde-moi la force de faire cocu mon petit fils, je l'ai été, cette faveur ne ſortira point de la famille.

Mon Grand-père, ayant fini ſon ardente & cordiale prière, le Tonnère ſe fit entendre ; le *Tien* deſcendit dans un nuäge de fleurs & ſelon la rubrique ancienne des Dieux, il ne montra que ſon derrière : je ne fus point ébloui de la Majeſté du poſtérieur du Dieu, j'avais vu celui de ma femme, l'éclat de celui

de

de Xénoti ne pouvait pas faire un pli au derrière de Madame Xan-Xung.

O vertueuſe! ô belle femme! s'ècria le *Tien* à ma compagne, que ta roue eſt parfaite? ton amour pour Xan-Xung eſt digne des encens du Ciel! je t'ai vue du haut de ma gloire ſervir de tes mains d'albâtre les cuiſſes ſèches du favori de François premier, tes lèvres appétiſſantes ſe coller ſans repugnance ſur ſon effroyable derrière, ta gorge digne du trône des Dieux inondée . . . . ô flamme de l'himenée que vous êtes pure dans le cœur de cette belle femme! c'eſt en faveur de ſa tendreſſe conjugale que je change la clauſe du teſtament.

Comme les graces des Dieux ſont pareilles aux étoffes, qu'elles ont un côté & un envers, je ne puis attacher ce nouveau bienfait qu'à deux choſes; ſavoir, le plaiſir & le déplaiſir. Chaque fois qu'on voudra faire parler le Grand-père, Madame Xan-Xung commencera par le plaiſir; pour donner le plaiſir elle appliquera ſa belle main ſur le front du Papa, la gliſſera en appuïant un peu ſur le nez juſqu'au menton: le déplaiſir ſera à peu près ce qu'on appelle chès les Barbiers, *rafer à contre poil*; en appliquant la main au menton, preſſant plus fortement ſur le nez & remontant juſqu'au front. Auſſitot que le Grand Xon-quin de la Chine aura reçu le plaiſir & le déplaiſir, il parlera ; par ſurabondance de grace, je donne au Père Xan-Xung le pouvoir de geſticuler avec décence & je le fais dès le moment le protecteur des frigides. Le *Tien* s'en retourna au Ciel au bruit rédoutable du Tonnère.

La cabale dévote commençait à ſe remuër dans Paris, les énergumènes de S. Médart & les petits dôgues de la Bulle crûrent la Momie digne d'occuper leur zèle ; ſous le prétexte commode du Ciel, ils cherchèrent à me tracaſſer ſur la Terre. Les dévots ſont plus à craindre que les ſcélérats, ces derniers arrêtés par la peur des ſupplices font le mal en tremblant & avec remord ; les dévots jaloux d'être agréables au Ciel, en commettant l'injuſtice, étouffent leurs victimes avec joie. Paris occupé de ſes Pantins, de ſes tableaux à la mode & de ſon Ramponeau ne donnait point dans les Momies & dans les Grand-pères. Je formai le deſſein de paſſer à la Mecque,

Pro-

Province de l'Arabie heureuse où les Momies & les vieilles gens sont adorés. Les Mecquains, aussi purs dans leur culte que les Egyptiens, conservent précieusement d'anciennes Momies de Bonzes & de Derviches.

Au culte des Momies la Mecque entretient encore une sainte chaleur pour les frocs & les chapelets Musulmans: pour suivre le bon goût mecquain je fis habiller la Momie en Bonze. Aussi-tôt que ma femme eut donné le plaisir & le déplaisir à mon Grand-père, il se regarda; surpris de se voir vêtu ridiculement, il me dit: ès-tu fou? allons-nous courir le bal? vas-tu me montrer à la foire S. Germain? mon Papa nous sommes sans fortune, dans un siècle de fer & d'argent comme le nôtre, ce dernier métal est dangereux à gagner & s'envole aisément; pour le fixer dans nos mains nous allons à la Mecque; en route nous vous ferons voir dans les principales villes de cette Province oisive & sacrée, où nous vous ferons passer pour un Bonze, sous le nom du merveilleux Dressant, martirisé à Londres sous le premier Pape d'Angleterre Henri VIII. de sainte mémoire. J'ai déjà arran-

arrangé une histoire où mentant comme le Jésuite Maimbourg, je raconte qu'un Milord usé par les services rendus aux Miladys & aux petites filles de Covent-garden devint l'amant d'Anne de Boulen: ce courtisan ne pouvant satisfaire aux désirs de la Reine, alla trouver le bonze Dressant. Cet Homme avait le don de guérir l'impuissance des maris & des amans; il obtint de Mahomet la faveur que Milord demandait. Henri, instruit d'un prodige opéré pour le faire cocu, fit pendre le merveilleux Dressant.

HISTOIRE

HISTOIRE
DU MERVEILLEUX
DRESSANT,
BONZE DE LA
MEQUE.

Dressant était Anglais; il naquit de parens très pieux. Madame sa Mère se nommait Véronique Tonneau, elle était fille du crieur de moutarde dans le Comté de Sommerset. Son Père Lewis Bondon était marchand de sifflèt en gros. La chasteté avait voulu brûler de sa flamme impuissante le cœur de ces deux amans. La Nature, semblable au sommeil, qui ne perd jamais ses droits, s'était vengée en blessant Véronique à l'endroit le plus rétentissant du beau sexe. Elle conçût étant fille un gros garçon à

qui

qui l'on donna le nom de Dreſſant, à cauſe qu'il s'était dreſſé ſur les pieds en ſortant de la vallée de pleurs pour entrer dans la vallée de larmes. Ce prodige ſans doute était fait exprès pour donner ſur la joue à M. Jean Jacques, qui veut abſolument que nous marchions à quatre pattes, tandis que les chapons marchent à deux pieds.

Le petit Dreſſant dès l'enfance avait un goût héréditaire pour les manches à balais, les goupillons, les gros cierges & les queuës de cheval. Plein de fantaiſies comme un anglais, il ne voulait téter que ſur une table ou ſur une échelle; quand il voïait la Tour de Londres ou les mats des navires de la Tamiſe, il les montrait à ſa nourrice en riant ſous ſon béguin.

A dix ans on lui donna un Maître d'écriture; il ne pût jamais apprendre qu'à faire un I & un V; il faut rendre juſtice à ſes talens, il fendait un V avec l'art du plus habile écrivain & mettait des points ſur les I avec la ſagacité & la profondeur du Géomètre le plus verſé dans les points. Les révérences françaiſes lui déplaiſaient furieuſement, il

ne

ne pouvait voir courber les corps, il se plaignait que le beau sexe pliait trop les genoux en saluänt & comme il avait de grandes notions de la lettre I, il disait, que les filles gâtaient les lettres de l'alphabet en faisant la révérence parceque d'un I elles en faisaient un O, qu'il ne fallait pas heurter les lettres, ni souffleter Mr. Restaut & l'Académie, qui assurent qu'un I doit être un I & non point un O, que de pareilles nouveautés faisaient trop remarquer l'inconstance des langues & celle des femmes.

DRESSANT dévenu grand garçon se prit des appas d'une lavandière. Cette fille était blanche comme la nuit & grasse comme un artichaut. Kitty selon les us & coûtumes des gens de son état était venuë au monde huit mois avant le mariage de Madame sa Mère. Monsieur Crincrin son Père était un joueur de violon plein de capacité; Madame sa Mère une ravodeuse en gros, remplie d'érudition. Kitty dansait comme une peinture sans avoir appris, chantait sans avoir appris & raisonnait sans avoir appris. Ses doigts avaient été profondément cultivés, elle tricotait mieux qu'u-
ne

ne Princesse, piquait des bonnets de nuit & lavait supérieurement les cravates & les chaussons anglais;

Cette fille, puissament éduquée, sentit vers quatorze ans quelques légères douleurs. La Nature qui travaillait alors pour elle même, l'avait caressée de ses plus gracieuses faveurs en développant les germes prolifiques de sa fécondité. Kitty étonnée du spectacle, alla trouver sa Mère & lui dit d'un air épouvanté: mon Dieu ma Mère, j'ai . . . Madame Crincrin qui comprit d'abord ce que sa fille voulait dire, lui répondit: tais-toi chienne de sotte, ne vois-tu pas bien que ce sont tes fleurs: vorés, dit Kitty, est ce que je pensais que mon cul était un jardin (*).

Le mérite de la Mademoiselle Crincrin se fit connaître. Dressant ne fut pas insensible à tant de charmes. Il vit la belle au service, en galant Homme il choi-

---

(*) Cette simplicité Anglaise a son mérite & fait honneur à Kitty. On observera que je ne peins dans ce morceau que la canaille anglaise. Les honnêtes gens pensent sagement & s'expriment de même dans toutes les Nations.

choisit ce tems pour devenir amoureux & Kitty profita du même Sermon pour ouvrir son cœur aux subites impressions de M. Dressant. L'amant était à son côté, son œil s'émancipait à courir sur la belle gorge de Kitty & cet objét augmentait les distractions & l'amour du Berger.

Dés qu'un Anglais est sensible, il en fait part à sa maraine & lorsqu'elle a déterminé la nature de sa passion, il se presse de l'apprendre à l'objèt de ses desirs. Un Bréton ne croirait point être amoureux, si sa maraine ne l'en avait persuadé. Dressant suivit l'usage de sa nation, assuré de son amour, il ne tarda plus à l'apprendre à la Bergère.

Le jeune Homme, naturellement timide, ne frappa qu'en tremblant à la porte de sa Maîtresse. Son air gauche, que la crainte engourdissait encore, répandait dans son maintien cet air grossier que le pinceau de Tennières a si bien rendu dans ses tableaux. Il se presenta d'abord à la Mère, pour obtenir la permission de voir sa fille. Il débuta par une révérence profondément manquée & tenant d'une main son chapeau, tandis
P qu'il

qu'il fe gratait la tête de l'autre, il lui dit : Milady Crincrin, je viens pour avoir l'honneur de vous demander la permiffion de voir votre fille Milady Kitty & cela en tout bien, tout honneur fur la foi du mariage. En achevant cette phrafe, il rognait avec les dents une corne de fon chapeau. La Mère honorée qu'on recherchait fa fille, répondit à fes politeffes & traînant un peu la voix, elle lui dit : vous flâtés *beaucoup fort* l'honneur de notre fille, M. Dreffant ; mais Kitty à les talons trop bas pour vous (*) : point du tout répartit Dreffant, c'eft moi Milady Crincrin, qui les ai trop courts & qui ferai charmé d'être flâté de la confidération que vôtre fille voudrait que je puiffe être fon amoureux : Mifs n'a que quatorze ans, elle eft bien jeune ? cela n'y fait rien, Kitty eft comme les jeunes poulets, elle eft bonne à mettre en broche : cela eft encore vrai, répondit la Mère d'un grand fang froid ; au refte, Kitty eft digne de vous, du côté de l'honneur, elle eft nette comme une perle;

(*) Expreffion angloife, qui fignifie qu'elle n'eft pas affés riche.

le; jour de Dieu il n'y a point un farthing à redire : je suis charmé que vous donniés un si bon temoignage de votre fille, c'est un agrément quand on peut contenter ses Père & Mère, cela n'est point aisé... pourrai-je avoir l'honneur de voir Miss ? allés dans le grenier, elle doit y être à compter du linge, elle sera peut-être endormie, elle est indisposée; nous sommes aujourd'hui le dix sept du mois, elle serait bien logée à la boutique du cœur percé (*) vous entendés ce que je veux vous dire ? oh cela ne fait rien, nous la guérirons: ne vous pressés point au moins M. Dressant.

Dressant monta chès sa maîtresse; il la trouva endormie sur un pacquèt de linge sale : qu'elle est belle ! dit-il en la voïant, c'est l'amour qui sommeille; que celui qui a imaginé les filles avait de l'esprit ! il en savait plus que moi ! quoique Kitty ronfle, disons lui de jolies choses, ex-

(*) Terme de convenance & de bienséance, dont se sert le beau sexe anglais pour cacher aux profanes les jours mistérieux qu'il consacre à l'amante d'Endimion.

exprimons lui tout ce que nous fentons pour elle, elle ne m'entendra point, je ferai plus hardi. Dreffant fe déclara à fa Maîtreffe, jura mille & mille fois qu'il n'adorait qu'elle. Preffé du feu qui dévorait fon ame, il tira la bergère par le bras & lui dit : les cœurs vous viennent en dormant, belle Kitti ; comme la barbe m'a pouffé au menton, voulés-vous agréer mes feux ? je fuis fol d'amour, tâchés de dévenir auffi folle que moi ; quand nous ferons bien foux tout deux, nous nous marierons, c'eft le véritable moïen de faire des enfans fort fages.

Vous me furprenés, M. Dreffant, dit Kitty en bâillant ; comment de faibles charmes comme les miens ont-ils pu rendre fenfible un cœur comme le vôtre ? ah Miff! vos beaux yeux, votre belle bouche, votre nez, tout celà eft fi parfaitement attaché enfemble, que vous paraiffés toute d'une pièce. Le Dimanche vous n'avés point ce vilain mouchoir, qui dérobe des chofes ... ah des chofes .... mais des chofes ... hélas : ... mon cœur s'en va! mon cœur s'en va! eft ce que vous vous trouvés mal, M. Dreffant ? mes appas vous in-

incommodent-ils? non, ma chère Kitty, mais ils m'ont blessé... est ce que vous devés régarder les filles de si près, le Diable ne dort jamais : je suis terrible, Miss, vis-à-vis du beau sexe; quand je régarde une fille, j'ai l'honneur de lui faire aller mon coup d'œil tout dessus elle; ça fait toujours que je l'aime, semblant de rien & qu'elle s'en apperçoit, comme si rien n'était.

Kitty regarda, son amoureux avec complaisance & lui dit : Milord Dressant, j'ai l'honneur d'avoir la vertu en recommandation, ne songés pas au moins à me ravir un trésor plus fertile pour les filles que les richesses de la Banque.... mais cependant est-il vrai que vous m'aimés? oui, chère Kitty, je vous adore... tenés sur ma conscience & sur mon filèt : en disant ces paroles le berger allongea la peau de son gosier & la montra à sa Maîtresse (*).

Des qu'une fille en Angleterre a vû le fi-

(*) La cérémonie d'allonger, ou de prendre avec deux doigts la peau du gosier & la montrer à sa Maîtresse, est un serment sacré & respecté en Angleterre.

filet de son amoureux, elle ne doute plus un moment de sa fidélité. L'amant, soulagé par sa déclaration, ne s'occupa que de vanter ses charmes: que vous êtes belle? lui dit-il: allés, Milord, je suis assés belle pour pourir dans la terre (*); vous avés beaucoup d'esprit, Miss.? ça vous plait à dire, après vous, Milord, il n'y a plus qu'à tirer l'échelle: un pareil compliment annonce toujours en Angleterre une fille bien nourrie; vous avés une belle main, continuä l'amoureux, vous devés avoir aussi un beau sein, car on dit que la main fait la gorge: oui, j'ai le sein fort beau, mais vous me faites bien de l'honneur, j'aime mieux d'être moquée ici que dans le parc de S. James, il n'y a pas tant de monde; c'est vous Milord Dressant, qui êtes un garçon droit comme un I, un drôle bien déhanché: oh! point du tout, je ne suis pas beau : ah si! vous êtes grand & beau, vos mépris Milord vous serviront de louänges; aureste, répartit Dressant, je

(*) Cette refléxion est de la Majesté & du génie anglais, qui pense toujours solidement & fortement.

je suis prisé par une personne qui a un esprit sublime.

Cette conversation se termina par la permission que l'amoureux demanda d'embrasser sa Maîtresse: voulés-vous bien, chère Miss, m'accorder la considération de vous baiser, cela serait fort doux à mon visage: vous avés raison Milord, cela ne serait point aussi dur qu'une porte, mais au reste, je ne suis pas la fille d'un boulanger, je n'aime pas les baisûres; ma Mère veut bien qu'on me baise, elle ne veut pas qu'on me chiffonne (*): sans autre deffence elle laissa prendre un baiser à son amant, accompagné de plusieurs autres.

Une plus forte preuve qu'une fille puisse donner en Angleterre de sa tendresse, c'est de se chauffer à la chemisette, avec son amant & de manger la rôtie. Voici comme se font ces deux céremonies. Pour se chauffer à la chemisette, la fille tourne sur le devant une des ouvertures de son jupon pour en former une espèce de foyer, dont la chemise est le

(*) Ces phrases ont plus de graces dans la Majesté du langage anglais.

le fond ; alors à la réverbération de fa chauffrette, elle échauffe comme au bain marie les mains de fon amoureux. On prétend à Londres que cela fe paffe toujours en tout bien tout honneur.

La Céremonie de la rôtie eft un peu différente. La fille arrange deux tranches de pain beuré fur les charbons de fa chauffrette & pour mieux conferver la chaleur, elle met la chauffrette & le ragoût fous fes jupons. Le beure qui fond & le pain qui grille ne gâtent pas fon linge, la fumée trouve une chéminée pour s'échaper, c'eft-à-dire elle paffe facilement fous les jupes, où les plis laiffent toujours quelques ouvertures. Cette beurée eft fort appétifante quand elle eft ainfi rôtie entre deux feux.

L'heureux Dreffant favorifé de la rôtie & des menues faveurs de la bergère, vit bientôt couronner fa flamme par un mariage fecrèt. Le lendemain de la nôce Milady Crincrin alla de bonne heure chès les jeunes époux, queftionna fa fille fur les avantures de la nuit : Kitti, dit-elle, êtes vous contente de votre mari? a-t-il bien fait la douce affaire? ah! ma chère Mère, répondit la jeune fem-

femme, que l'invention de l'Homme est une belle invention . . . . je suis toute honteuse . . . . milord Dressant entend mieux cela qu'à ramer les choux.

Lewis Bondon, sachant que son fils avait uni sa chair à celle d'une blanchisseuse, l'enferma chès lui & par le ministère de Milord Côme, écuïer tranchant des barbes de son quartier, lui fit abbattre les sources jumelles de l'humanité. L'opération achevée Bondon s'écria : ô, mon fils Dressant, vous voilà invulnerable aux traits des filles de Babylone & de Covent-garden, vous pouvés dès aujourd'hui coucher en toute sureté avec votre Grand' mère.

L'infortuné Dressant, ne trouvant plus d'agrémens dans la ville de Londres, s'embarqua pour Constantinople; de là il passa à la Mèque, où il prit l'habit des Bonzes. Sa grande chasteté lui mérita les regards de Mahomet, le Prophête pour le recompenser de sa vertu, le déclara Patron des frigides. Dressant jaloux de faire part à ses compatriotes des faveurs, qu'il avait reçues du législateur des croyans, retourna à Londres, où il fit des cures prodigieuses sur les

Mi-

Milords attaqués de confomption & d'impuiffance. Les graces qu'il accorda au Duc... furent la caufe de fa mort. Henri VIII., inftruit de la guérifon de ce Seigneur, fit pendre Dreffant; depuis ce tems, la majefté du peuple anglais, & la croyance du peuple Turc, ont toujours invoqué ce Bonze merveilleux.

Voila, dis-je à Mon Grand-père, l'hiftoire de Dreffant: c'eft fur cette fable que je veux établir ma fortune. La Mèque qui fait l'obligation qu'elle a aux fables, ne fe fâchera point que je gagne un peu d'argent avec la mienne: tu as des idées extravagantes, Xan-Xung, tu te feras des affaires; je fais que dans le païs, où tu veux aller, on fait beaucoup de plaifanteries avec les Aoulia, mais les Derviches ne veulent point qu'on fe mêle de leur métier; crains les Bonzes; ces fanatiques arrangent les fagots dans cette Province, il ne faut guères d'efprit pour arranger une douzaine de fagots, c'eft à caufe qu'il ne faut point de génie qu'on brûle un Homme d'efprit: il ne peut rien m'arriver de fâcheux, mon cher Papa, pourvu que vous vou-
luf-

lussiés vous prêter à notre fortune, vous defaire des manières du tems de François premier, prendre l'air modeste d'un Bonze, lâcher quelques paroles édifiantes & prêcher des contes aux Méquains; ils croient aux rêves du Moufti, ils pourront peut-être ajouter foi aux Discours d'un Homme éclairé.

Nous partîmes pour la Mèque: nous prîmes la route par la Bourgogne, nous nous arrêtames à Langres où nous fîmes voir le merveilleux Dressant. Ma femme montrait les beautés & les agrémens de l'Aoulia, mais ses charmes enchantèrent bien davantage les Langrois. Le bruit de la Momie, les graces d'Ephigénie attirèrent une foule de Spectateurs. On admirait quelque tems mon Grand-père, & les yeux revenaient toujours sur Madame Xan-Xung: Phriné, Sapho, Julie, Cléopatre, Hélène n'avaient jamais inspiré tant d'amour que ma belle compagne.

Un vieux président de Langres vint voir la Momie; ébloui de la beauté de ma femme, il se sentit un Homme nouveau & la même nuit il donna à sa vieille moitié des preuves de ses feux: la présidente depuis dix sept ans n'avait eu ce cadeau. Une cure pareille fit du bruit, Madame la préſidente étourdiſſait la ville de la vertu du Bonze Dreſſant : ouï, diſait-elle, j'ai éprouvé ſa puiſſante interceſſion & ſes douces influënces dans la perſonne uſée de M. le Préſident, il m'a fait la politeſſe avec la chaleur de l'âge de vingt cinq ans.

Nous arrivâmes quinze jours après à Beaune. Les Beaunois, qui font les maiſons, les clochers & les ponts de leur Ville ſur les lieux, vinrent à la rencontre du merveilleux Dreſſant avec la Bannière & le Magiſtrat à queue. Nous fûmes harangués par le plus ancien ſénateur. Voici à peu près le compliment.

La nouvelle charue de M. Duhamel, & les brochures imaginées par l'eſprit de nouveauté pour améliorer nos terres, ne produiront rien tant que nous aurons des bras engourdis dans les cloîtres, les chapîtres & ſur les bancs des écoles de Théologie. La découverte du merveilleux Dreſſant ſera plus utile à la culture des terres, des femmes, & des filles que..... ici l'orateur apperçût Madame Xan-Xung, fut pétrifié à l'aſpect de ſes charmes & ne pût achever ſa harangue; en rhé-

rhétorique il est permis de rester court vis-à-vis d'une jolie femme : nous entrâmes en triomphe dans la ville. Madame Xan-Xung accompagnait l'Aoulia; sa beauté fit un effet si prodigieux sur les organes massifs des Beaunois que toute cette savante cité fut en combustion & cette nuit les Dames éprouvèrent la bienfaisance du Bonze Dressant.

Nous restâmes un mois à Beaune. Le miracle de Langres avait éclaté en France & en Suisse. Un Seigneur de la Cour le plus aimable, le plus spirituël, était alors aux délices avec son ami le Comte de Tourné, où il avait appris la guérison du vieux président; il passa à Beaune, voulut voir le merveilleux Dressant.

Malgré les ravages des années, le Duc avait encore ce feu de l'esprit, cette politesse qui accompagnent si bien l'aménité française: est-ce vous Monsieur, dit-il en m'abordant, qui possédés 'a précieuse relique de l'Aoulia Dressant? est-ce du Moufti que vous la tenés? la Méque commence-t'elle à avoir de l'esprit?... je vous dirai que j'ai besoin du secours de votre Bonze, j'ai tant joué de mes pièces que les onze mille fétiches

ches n'y pourraient rien; j'ai beau remuër mon imagination par le mouvement perpétuel des tableaux de mon Sallon; j'ai perdu de vue mon clocher, je ne vois plus cet animal si terrible aux maris & si délicieux pour les femmes; on est sensible à la perte d'un ami si intime, j'enrage de quitter une aussi bonne compagnie; celui qui a fait tant de choses, devait au moins laisser celle-là à notre fantaisie. M. l'Abbé de Bernis dit, dans une jolie pièce, que les loix du plaisir sont ses volontés; la servante du Curé, la belle Claudine, était à sa volonté; il peut avoir des volontés, je n'en ai plus. Le Père du Docteur Pangloss que je viens de quitter, assure que la perte des volontés n'est pas ce qu'il y a de mieux dans un monde le meilleur possible & malgré la beauté de Madlle Cunegonde . . . . . à ça montrés moi votre relique.

Je conduisis ce Seigneur aux pieds de l'Aoulia; quelle fut sa surprise lors qu'il vit à son côté Madame Xan-Xung! le Duc se sentit à l'instant dans l'heureuse situation du Président de Langres: oh! oh! dit il, je vois de quoi il retourne, c'est

Ma-

Madame qui fait le miracle. J'ai vû de bien près sous mes yeux les beautés d'Allemagne, de Gênes, de l'Italie & de la France, elles n'ont point fait sur mes sens l'impression des charmes de votre épouse; sa conquête flâterait d'avantage mon cœur, que celle de Minorque, chantée par tout le Roïaume & pour laquelle on a fait tant de méchans vers.

MA femme avec une douce modestie, beaucoup de politesse, répondit au Duc, lui ôta l'espoir de tenter le moindre projèt, il vit qu'elle avait la faiblesse d'aimer son mari, il plaisanta avec le merveilleux Dressant; mon Grand-père prit avec lui le ton de la Cour, ils se dirent les choses les plus obligeantes: que faisaient les femmes, lui demanda le Duc, à la Cour de François premier? elles se tracassaient pour nous, se déchiraient avec une sensibilité admirable, ne rougissaient point de leurs faiblesses, haïssaient raisonnablement leurs maris, aimaient les amans d'éclat, les chiens & les bagatelles: les siècles des femmes se ressemblent, dit le Duc; & les Hommes? nous nous faisions cocus les uns & les autres, nous ne trouvions pas les cornes plus étranges

que

que nos fraises & nos aiguillettes, nous débutions par les filles de la Reine, nous les quittions, nous y revenions, nous allions à la fille de joie & quand nous étions vieux nous médisions des femmes : quelle religion aviés-vou ? nous aimions le Prince, nous faisions notre Cour, nous ne connaissions point d'autre Dieu que le Roi, ce n'était que par ricochet que nous songions quelquefois à celui qui a fait le Ciel & la terre; à la Cour peut-on voir un autre objèt que le Roi, au fond notre culte était bon, au défaut de la réalité, nous adorions l'Image.

Le Duc, en nous quittant, engagea mon épouse à lui envoïer son portrait, nous le promîmes : je le placerai dans mon Cabinet, il fera plus d'effèt, que mes machines... à propos, dit-il, en nous ramenant dans la chambre, j'ai une Lettre à vous remettre de M. le Comte de Tourné ; c'est un vieux Seigneur, qui dans sa vieillesse fait encore des prodiges, son Génie ne baisse point, il durera encore lon-tems ; l'esprit dans les vieillards est le thermomêtre de leurs jours. Aussi-tôt que le Duc fut sorti nous lûmes la lettre du Comte & quantité d'autres de différens endroits.   LET-

LETTRE
du COMTE de
TOURNE
a
M. XAN-XUNG,
Sacriſtain du merveilleux
DRESSANT.

Monsieur.

Mon bon ami le Duc D.., qui vous remettra cette Lettre, eſt préciſément, dans ma poſition; nous ne ſommes propres lui & moi aujourd'hui qu'à ſervir de tremblans aux orgues de quelque Cathédrale. Le ruban d'or-que j'ai aimé dans l'Ecleſiaſte, eſt retiré. J'ai beau imiter uu vieux Roi, rien ne paraît. Je couche régulièrement avec deux jolies filles du Vallais imprégnées des vertus de Jean Jacques; c'eſt un remède de M. Tronchin (*), les pauvres enfans ont beau m'é-

(*) Des moines ont fait courir le bruit que M. le Comte couche avec deux filles & un P. Capucin. Je tiens cette anecdote des Pères Carmes de l'Egliſe françaiſe d'Amſterdam.

m'échauffer, je crois que l'orcane valait mieux dans la Palestine, les Suisses ne profitent de rien. J'aime encore l'image du plaisir & le tableau donne des envies de le goûter, cela est aussi naturel qu'au Curé d'Etampes, qui m'a écrit un Sermon, de baiser sa servante. Votre reliquaire Turc fera fortune, & si je suis exaucé je l'acréditerai chès les amis du frère Nicaise & tout le long du lac de Genève: j'ai été l'an dernier à la messe de minuit, j'ai fait mettre cette nouveauté dans les affiches pour la Province; je ne tarderai point d'amenc's Suisses aux genoux de votre Aoulia, surtout en revenant de la messe de minuit, vous savés que c'est à Paris la bonne messe & celle qui fait plus d'honneur au merveilleux Dressant.

LETTRE
DE
M. LA DUCHESSE.

Monsieur, je ne sais où est mon mari depuis six mois que nous sommes unis, comme le sont ordinairement les

les gens du haut ſtile, ma couche eſt encore immaculée. M. le Duc eſt reduit à la laſſitude de nos jeunes Seigneurs à talons rouges. Intéreſſés votre merveilleux Dreſſant en ſa faveur, je vous avertis que je ne veux point du miracle s'il le reveillait pour cette petite créature de l'opéra, avec qui mon mari a dit tout ſon rôlet. Si votre Aoulia m'exauce il fera fortune. Je tourne dans un grand tourbillon; j'entraîne les femmes; en vérité nous avons plus beſoin que jamais du ſecours d'un pareil fétiche. Nos mères étaient bien nourries, elles étoient groſſes comme leurs eſprits. Je ſuis femme de condition, je veux que mes gens & les Aoulia m'obéiſſent; tâchés de mettre un peu de récréation dans mon ménage. Je ne ſais trop comment je vous écris, je le fais un peu à bâtons rompus; c'eſt le ton; ma femme de chambre m'impatiente avec ſon deshabillé, où il y a du Jaune; j'en ai aſſés dans l'imagination. De jolies choſes de ma part à votre Dreſſant.

LETTRE
DU
R. P. ANUS-SACRUM,

Recteur des Inigistes *de la Marche*
D'ANÇULE.

Monsieur.

UN jeune profès se plaint toujours de la lenteur de mes opérations, ce patient se demene sous le travail du Dieu des jardins, vous savés l'histoire; c'était le noble délassement des bergers orientaux. L'un de ces rustres l'apprit aux Jésuites de Memphis, vous voïés que nous le tenons de bonne main & de la vraie source. Je n'ai que quatre-vingt dix ans, le tems ne doit point épouvanter un Aculia. Comme l'usage des Sacristains & des moines est d'exiger de l'argent avant que les reliquaires fassent jouër leurs merveilles, puisés abondament dans ma bourse. Je suis en Société avec le P. la Valette, notre papier est connu dans l'Europe & dans l'Inde, je tirerai en votre faveur sur Mrs Léonci & compagnie à qui nous
al-

allons manquer dans quelques mois ; pressés la réponse, je connais les arrangemens de notre Père Général.

LETTRE

d'un Couvent de Paris.

Nous sommes depuis trois mois chès la Révérende Mère Montigny pour apprendre à coudre avec les Messieurs, hors quelques michés qui nous viennent une fois tous les quinze jours, nous sommes sans ouvrage. Les jeunes gens, les agréables, sont anéantis comme leurs Grand-pères, nous avons beau recourir au postillon, nous ne voïons que des becs de perroquèt & si par miracle ils .... vous connaissés les œufs.... - on dit que cela est aujourd'hui de l'extrême bon ton. La France dégènère Monsieur ; notre jeunesse se deshonore dans toutes les guerres, nous ne voïons plus parmi elle que des impotens qui s'amusent avec leurs peignes couverts de diamans à nous peigner...... si votre merveilleux Dressant n'y met sa grace, notre métier est perdu, du, nous ferons forcées de faire le coup de piſtolet dans la forêt de Compiegne, ou dans les environs de la Meutte. Nous eſperons que votre Aoulia nous écoutera favorablement, c'eſt la première fois que nous nous adreſſons aux Aoulia, les filles de notre caractère les ménagent comme les Poëtes & les Auteurs ; cela mérite un peu de réconnaiſſance de leur part.

Vos Couſines, les ſœurs Roſette, Julie Fanchon & Toinnette.

LETTRE
d'une Blanchiſſeuſe des environs des
PORCHERONS.

JE ne ſavons pas trop bien nous expliquer par l'écriture ; dans l'honneur que je vous faiſons de vous écrire, je le dirions tout comme une chanſon par cœur de la mémoire, quand je l'avons bi'an rétenu. J'ons l'envie de nous marier avec la corporance d'un garçon, qui n'eſt pas de paille : c'eſt un faraut en manière de luron, qui vaudrait ſon péſant de fin argent, s'il ne l'avoit pas trop

trop court. Je vous dirons sur la confession, comme à un confesseur, que pour éprouver comme il ferait les affaires du ménage, je l'ons laissé aller un petit au fromage pour l'apprivoiser dans l'accoutumance : il avons été trois jours tout fin près sans attraper la jointure du Sacrement de mariage. Cela nous desolioat pis que du mauvais tems, quand je séchons notre linge. Pendant que Guillot voulait nous besoigner, je lui disions en manière de gouailles : Guillot ne te blesseras-tu pas? tu ne gagneras pas la Puresie . . . tu n'en viendras pas à bout : ne t'embarasse point, me dit-il, je parlerons au Chirurgien, je ferons couper cet engin en deux & pour le rallonger je ferons mettre le morceau coupé au bout de l'autre, ils feront tenir cela proprement, peur que ça tombe, avec une amplâtre. Je voïons bien Monsieur, que Guillot n'a point de conception dans l'esprit ni ailleurs, car en le coupant & le rajustant au bout, cela reviendriont toujours au même. En portant une chemise sâle que j'avions blanchi à un Monsieur qui n'en a que deux, à cause qu'il faisioat des livres; j'entendions qu'il parlait dans la la conversation & disait à un autre qui était avec lui, que vous étiés le curé d'un Aoulia, qui dressait autre chose itou que du linge. Je demandîmes votre adresse & je vous écrivons en conséquence pour vous prier de faire grandir le chose à Guillot. Si vous venés à Paris je demeurons auprès des Porcherons, je vous blanchirons pour rien deux chemises pendant trois semaines. Je suis avec le respect de l'honneur que j'ai d'être très parfaitement votre servante, Jeanne Carlotin.

LETTRE
DE MONSEIGNEUR
LE CADILESQUER,
De la Province de
LILIPPUT.

MONSIEUR.

JE suis à la tête d'une Compagnie révérée, j'ai quinze parens ou alliés dans ce corps, vous voïés que tous les suffrages sont dans mon bonnet quarré.
Je

je suis d'une sévérité rigoureuse à faire justice; je ne pardonne jamais; je suis craint de toute ma Province & je n'ai point d'amis. La bienfaisance, qui doit tenir la balance du juge, n'est pas assise à mon côté; le glaive seul de la loi brille dans mes mains austères; ma bouche de sang ne prononce que des sentences de mort ou des arrêts d'Ostracisme; mes soins les plus vigilans sont d'arracher les palmes du génie, qui veulent croître dans les broussailles de la Province de Liliput, pour y laisser l'yvraie assoupissante du païs latin, les chardons pointus de la superstition & la mauvaise morale des Jésuites: c'est en se plaignant de Jupiter que quelques honnêtes gens m'admirent; j'étais capable de donner une nouvelle face à mon païs; c'était à moi seul que les Beaux Arts destinaient la gloire d'humaniser des peuples encore Moscovites.

MA docte éloquence, mon Génie puissant, sont gâtés par mon attachement assidu pour les Jésuites; c'est moi, qui au grand étonnement de la France & de l'Europe conserve une tête de cette Hydre féconde, homicide, horrible, indomptée, monstrueuse, renaissante, terrible,

rible, tortueuse &c. &c. &c. qui s'élancera un jour des rives de Liliput & fera trembler les Palais des Rois.

Mon attachement à cette société n'est pas connu de l'Europe; voici, Monsieur, ce qui immortalise ma reconnaissance. J'avais une jolie femme remplie d'esprit & de vertus, je ne pus lui faire d'enfans; j'avais deux maîtresses je ne pûs leur faire d'enfans, je passai aux secondes noces, je n'avais point d'enfans. Les Jésuites me parlèrent du bras miraculeux de S. François Régis, je fis une neuvaine au bras & je fis un enfant à Madame la Cadilésquer. Cette faveur, que le Ciel accordait aux prières d'un Saint Inigiste, attache naturellement mon cœur à son Ordre. J'ai encore besoin de son secours pour un fils que j'ai bonne intention de faire; vous voïés qu'il faut ménager le bras de S. François Régis.

Voila, Monsieur, l'origine de ma belle passion pour les Jésuites. Le miracle de Langres a fait du bruit dans ma Province, nous serions jaloux de mériter les faveurs de votre merveilleux Dressant, nous avons quelqu'un de nos vieux Confrères qui ont besoin de ce secours;
fai-

faites-nous le plaisir de transporter l'Aoulia dans notre païs, si j'éprouve ses fécondes influences, assurés vous que j'abandonne les jésuites à leur malheureux sort.

※

Lassés de recevoir tant de lettres nous fîmes le reste de la route incognito. Nous arretâmes seulement à Plaisance, pour nous réposer: la Signora Cadenata nous donna un appartement dans son hôtel, son mari le vieux Signor Cornato-longo reçût le même bienfait que le président de Langres.

Cinq mois après nous arrivâmes à la Meque, le temple de tous les Fétiches de l'univers où l'on révère encore le Dieu vivant Evil-mérodac, idole précieuse qu'une teinture sacrée a rendue respectable. Le bruit du Merveilleux Dressant alla jusqu'au Moufti. Les Grands Fakirs s'assemblèrent chès leur chef; nous portâmes le Bonze Dressant au milieu de cette ondoyante assemblée. La beauté de Madame Xan-Xung renouvella dans la personne sacrée du Moufti le miracle de Langres.

UNE Cabale affreuse s'était levée contre les appas d'Ephigénie. La Sultane Della-molta-grossa, la Sultane Hipperapertusa, la Sultane Cavalla-madre & la Sultane Bando-Banda, s'étaient liguées avec l'animosité de puissantes rivales contre la beauté de Madame Xan-Xung. La trahison fut ourdie avec adresse, les Mequains savent se vanger.

MA femme donna le plaisir & le déplaisir à mon Grand-père. Le Papa dans sa jeunesse avait demeuré à la Meque, il connaissait la puissance & la force de l'imbécilité humaine, il prit de l'humeur, le bon homme en était plein & sous l'idée d'être utile à l'humanité en corrigeant les hommes, il fit un discours qui ne flâta point le Moufti & les Fakirs, accoûtumés depuis si long-tems à la douce vapeur des encens de la superstition: on me fit sortir de l'Assemblée, on garda ma femme dans l'espoir de tirer plus aisément de la timidité de son sexe de quoi nous rendre coupables.

DEUX négocians français, informés de la cabale des Phrinées de la Meque, m'attendaient à la porte pour savoir le résultat de notre audience. Ils fûrent agréagréablement surpris de me revoir & me dirent: fuïés, vos jours sont en danger, on n'aime point ici la Vérité, on la craint plus que l'erreur; le Moufti veut toujours avoir raison, votre femme n'a rien à appréhender, sa beauté adoucira ces tygres tondus, M. Lionceau restera pour l'attendre, je vous conduirai chès un négociant de notre nation où vous serés en sûreté. Je suivis le conseil de mes amis.

Lionceau vint deux heures après nous annoncer qu'Ephigénie était dans les prisons du Moufti, qu'on parlait de l'immoler au ressentiment de ses rivales. Cette nouvelle me mit dans une colère forcenée. Je voulais sortir, arracher mon épouse de sa prison; on me retint, un délire animé, une fièvre confuse, que la rage redoublait, me mirent au tombeau, on me saigna douze fois, je fus huit jours sans connaissance & sans proférer d'autre parole que le nom d'Ephigénie.

Pendant ce tems on procédait contre ma femme & mon Grand-père; ils fûrent condamnés à être brûlés. ô Miroir de l'amour! ô beaume de l'innocence! ô belle Ephigénie! tes mains délicates

tes faites pour porter les plus belles perles de l'Inde & les richesses du Potose, furent chargées de fers pesans; ton front où siégeaient la décence & la pudeur fut ceint d'un voile épais & noir, ton sein délicieux qui effaçait la douceur des fleurs fut couvert d'un crêpe d'Auto-dafé, tes pieds tendres, sous lesquels germaient les roses de la volupté, furent déchirés sur le dur pavé de la Mecque. C'est ainsi, ô chere, ô malheureuse compagne, que des barbares te conduisirent au supplice.

Arrivée au pied du bucher, les bourreaux sensibles aux charmes d'Ephigénie, sentirent amollir leurs cœurs d'acier. Ce fut en mouillant ses chaines de leurs larmes qu'ils l'attachèrent avec mon Grand-père au poteau fatal; mais quelle surprise! au moment de porter la flamme, les Bourreaux frémissent d'horreur, se sauvent en se frappant la poitrine. Les spectateurs attendris de la beauté ravissante de Madame Xan-Xung criaient grace, appellaient le Ciel à son sécours, personne n'ôsait mettre le feu au bucher. Un monstre digne des enfers, un Bonze cruël s'avança, prit le tison fatal & croïant le
Ciel

Ciel ouvert pour bénir son crime, il enflamma le bucher. Ô Main barbare! Ô Prêtre de fang! ô la Mèque coupable, tu détruis dans tes feux facrilèges un être plus beau, plus parfait mille fois que les Héros fubalternes, que tu préfentes aux hommages des peuples. Ô Foudre rédoutable d'un Dieu vengeur! que fais tu dans le fein tranquile de la Clémence, où le Ciel te tient enchaîné: brifes avec éclat les fers qui te retiennent & viens reduire en poudre une ville affreufe, où regne l'orgueil, l'avarice, l'horreur & le fang.

Ma fanté était retablie lorfqu'on m'apprit le fort affreux de mon époufe & les dangers que je courais à la Mèque. Le fupplice d'Ephigénie frappa tellement mon cœur que je devins immobile. Je reftai fix heures dans cet état horrible, on me mit au lit, on attendait à chaque inftant de me voir expirer. Le calme de la nuit me tira de l'affoupiffement où j'étais, je renvoyai les perfonnes qui me veillaient, fous prétexte de repofer plus tranquilement; mes fureurs me reprirent, je me levai, je fortis de la maifon fans être apperçû, je courus fur la place où l'on avait exécuté ma malheureuse épouse ; à la lueur de la lune je vis encore l'endroit marqué de noir, je baisais mille fois ce pavé précieux, plus sacré pour moi que le Saint Bethala (*) Mes larmes coulèrent tout-à-coup, je les mêlais avec douceur au reste des cendres d'Ephigénie; ces pleurs éteignirent on désespoir, je sentis naître dans mon âme cette chère tristesse, que la Nature accorde aux cœurs sensibles, qui sans adoucir tout-à-fait nos maux leur donne un soulagement qui rend supportable les plus affreux malheurs.

La tendresse de Xan-Xung & de Lucrèce nous faisait plaisir; le Comte me priait de les rendre heureux. Un matin je dis au Chinois: votre amour pour ma fille m'est trop agréable, je vous estime & j'accorde Lucréce à vos vœux. Ma fille, transportée de joie, sauta à mon col, à celui de son Père & de son amant. Ce dernier versa des larmes de joie & de tristesse & me dit: Madame que je suis heureux de voir ma passion approuvée d'une femme aussi

(*) La Sainte chapelle de la Meque où est le corps du Prophete des croyans.

aussi sage que vous, je voudrais accepter la main de Lucrèce, mais un château à une lieue de Paris met un obstacle invincible à mes désirs; à ce propos nous nous regardâmes les uns & les autres, nous crûmes que la tête avait tourné au petit fils du Tonquin de la Chine: es-tu fou, mon pauvre Xan-Xung? quel rapport y a t-il entre ma fille & ton château auprès de Paris? es-tu Seigneur de cette campagne? hélas si elle m'appartenait, je mettrais dès l'instant à la porte tous les gens qui y sont: tu serais méchant: non, Madame, je suis incapable de l'être: mais tu écartes la question, je ne puis concevoir comment un château qui n'est point à toi, puisse t'empêcher de t'unir avec une fille que tu aimes; enfin quel est donc ce château? c'est le château de Bicêtre. Nous fûmes étonnés.

Si l'on savait que je fusse ici, continua Xan-Xung, avant deux fois vingt-quatre heures un faquin nommé d'Emery viendrait me prendre, me claquemurerait pour la vie dans un endroit appellé le *Galbanum*, où quatre pieds quarrés feraient mon tombeau: du pain noir & de l'eau entretiendraient ma triste existence; j'aurais beau crier après ma chere Lucrèce, personne ne m'entendrait dans ce sépulcre affreux des vivans; le souvenir de mon épouse, ses traits, qui adoucissaient ma vie, seraient les bourreaux constans de mon cœur, mes pensées toujours vers Lucrèce...., il répandit des larmes, il ne pût achever.

Troublée du discours de Xan-Xung, je lui dis, tu as donc fait des crimes horribles, tu as donc voulu, scélérat, attenter aux jours sacrés du Roi ? ah ! Madame, répondit-il en tremblant, vous me faites frémir, j'adore mon Roi, un cœur comme le sien a tous les hommages de son peuple, la Nation a assès gémi d'avoir produit un monstre ; nos cœurs, plus serrés que jamais contre le sien, font un mur inaccessible que personne ne pourrait percer. Ce Monarque est si bienfaisant : qu'on examine son régne, que l'on compte les minuttes de sa vie, on ne verra point un instant où notre Souverain ait fait le moindre mal à aucun de ses Sujets ; au contraire plus grand mille fois que l'époux d'Alzire, que nous admirons après des crimes, Louis n'a-t'il point pardonné au scélérat qui attenta à ses jours ? tu me surprens, qu'as tu donc fait ? vous le dirai-je, de la maculature ; j'ai dit que le Pape était trop riche pour être l'imitateur du pauvre Jésus ; que c'était le tems qui faisait la pluye ; que sainte Génévière ne s'en embarassait pas plus que l'Alcoran ; qu'il était honteux de laisser les moines dans la fénéantise ; que les Théologiens occupés à se quéreller & à brouiller l'univers, devaient aller à la charue ; que les Capucins me faisaient

peur,

FILLE DE LA NATURE.

peur; que leur Camisole n'était point honnête; qu'une bonne action était préférable à l'eau bénite ou à l'eau claire; qu'il ne fallait pas laisser les dîmes aux abbayes & aux chapitres; qu'il était détestable de voir un pauvre Curé à portion congrue réduit à trois cent livres de revenus, tandis que des Moines paresseux & des Chanoines oisifs retiraient dix mille francs des dîmes de sa Cure; que si l'Église voulait conserver du bien, il fallait qu'elle renonçât aux dîmes; qu'elle ne pouvait en conscience prendre de deux mains .. j'ai dit que les vieux Auteurs n'avaient pas l'esprit ni les talens de ceux d'aujourd'hui. Les bergers anciens faisaient des contes, que ces contes ne pouvoient passer pour des vérités; qu'il était impossible & ridicule de me forcer à les croire; qu'un souverain est injuste de punir un Homme à cause qu'il ne peut croire; que ma tête n'est point organisée pour croire certaine chose & que je n'ai jamais rien crû de ce que ma raison trouvait incompréhensible. Voilà, Madame, les raisons pour lesquelles on m'enterrerait dans le château de Sa Majesté à une lieue de Paris.

Étonné encore plus des discours de Xan-Xung, je lui dis: que crains-tu mon ami, tu penses comme la Cour & les gens d'esprit, pourquoi aurait-on l'injustice de t'enfermer? à cause du Catéchisme de Sens, il y a des cho-

choses arrangées dans cette production, qui ne vont point avec les miennes : as tu fait tes ouvrages en France ? non, je m'en donnai de garde, les loix défendent à l'esprit humain de s'éclairer ; j'ai travaillé chès un Roi Philosophe, il permet à ses Sujets d'aller en Paradis par la rue Mont-orgueil, par la rue des mauvais garçons, par la rue d'enfer & par telles rues qu'il leur plaît, il suffit qu'ils soient justes, qu'ils aiment leur Patrie : si tu n'as pas fait tes livres en France qu'apprehendes-tu ? le droit françois, il a le privilege d'envoier aux galéres un Homme, qui vend du tabac à Amsterdam à cause que le tabac est permis en Hollande & défendu à Paris : tu es bête, il y a trop d'esprit en France pour craindre une injustice ; malgré les petits progrès de l'esprit en France, malgré que le Ministre & le Juge, qui signeront la lettre de cachet, avoueront qu'ils ont tort, je ne serai pas moins Pensionnaire de Sa Majesté à Bicêtre, parceque le Catéchisme de Sens le veut ainsi. Pourquoi, dira le Ministre, Xan-Xung a-t-il écrit à deux cent lieues du Royaume des choses qui ne sont point dans un Catechisme, dont nous nous moquons ; a-t-il besoin de porter le jour de la raison dans l'esprit des gens qui croient au Catéchisme de Sens ? si les choses incompréhensibles aux Hommes ne peuvent entrer dans sa tête, qu'il les croie au moins comme les charbonniers, qui ont le talent de croire ce qu'on ne peut comprendre.

Nous calmâmes les frayeurs du Chinois & nous avions déjà marqué le jour de son union avec Lucrèce, lorsque ma fille tomba malade. Nous consultâmes des Médécins, qui ordonnèrent les eaux de Spa. Je partis avec Xan-Xung & ma fille pour cette ville, où une foule d'anglais capricieux, de malades imaginaires, vont chercher la guérison des maux qu'ils n'ont point. A moins d'un mois nous vîmes l'inutilité de ces eaux si vantées par les ignorans. La santé de Lucrèce diminuait chaque jour.

La Nature si féconde, si libérale, aurait-elle mis, dans un méchant village du païs de Liége, la source de la santé des Hommes. Les Chinois si sages, les Persans si éclairés, les Turcs si raisonnables viennent-ils puiser la santé à la fontaine du pouhon? pensons mieux de la Nature? cette Mère si attentive à nos besoins, si jalouse de notre conservation, a placé dans toutes les Provinces des eaux minérales propres aux habitans de chaque Climat. Celles de Spa, que des Médecins liégeois intéressés & ignorans ont accréditées pour guérir l'imagination de leurs malades, ou pour blanchir leur ineptie,

n'ont

n'ont que la vertu commune de toutes les eaux minérales du monde.

De dix malades qui vont prendre les eaux de Spa, il y en a au moins huit à qui elles font pernicieufes; il eſt de la ſanté que procurent ces eaux, comme des fortunes que l'on fait dans les Indes. Deux cent périſſent en allant la chercher dans le nouveau monde, on n'en parle point; un ſeul revient chargé de richeſſes en Europe, ſon état brillant fait du bruit & l'on conclud étourdiment que tout le monde y fait fortune. J'ai tout examiné à Spa, je n'ai vû que des ſots, qui croient devenir immortels en buvant pendant un mois quelques goblets d'une eau amère, je n'ai rencontré que des Lords, des demi-Lords, qui deſcendaient avec empreſſement de leur voiture & couraient dans la méchante Cabane d'un Libraire avare & vilain, pour y faire imprimer leur nom, leur ſur-nom avec leurs qualités primaires & ſucceſſives. Que cette petite vanité de faire imprimer ſon ſurnom eſt imbécile!

Si les eaux de Spa ne guériſſent que dans la gazette de Liége (*), le voïage de Spa eſt
au

(*) Le plus déteſtable ouvrage périodique que je connaiſſe: chaque ordinaire fourmille de fautes contre le français & quand un ordinaire eſt ſans faute, c'eſt qu'on a copié mot pour mot la gazette de France & celle de la Haïe.

au moins miraculeux; l'exercice qu'il occasionne à des femmes, qui ne font que médire & jouër, allége ordinairement des tempéramens caffés d'oifiveté ou blessés de molesse. Sans courir à Spa, que les Anglais choisissent quelque montagne de leur Isle, qu'ils la fassent applanir un peu sur les côtés & qu'ils donnent à chaque de leur Rosbif un tonneau vuide, que le malade le roule du haut en bas, du bas en haut, dix fois le jour, cet exercice leur vaudra mieux que de l'eau claire.

Spa est situé dans un baffin étroit entouré de marais, de montagnes affés hautes; l'air refferré ne s'y renouvelle que lentement, & ce terrain bourbeux & humide ne peut être que funeste à la santé. Si les Anglais, si raisonneurs, & si glorieux d'être conféquens, pésaient ces défavantages, ils iraient respirer l'air falutaire de la Tourraine, il leur en couterait moins fur les bords charmans de Loire, où un peuple poli & élégant leur ferait les honneurs de la Nation, ils n'auraient pas le spectacle éffrayant des Charbonniers liégeois & la mauvaife fumée de la houille, que l'Angleterre vient respirer une seconde fois dans le païs de Liége.

Nous vinmes à Liège, où nous restâmes deux mois; nous tombâmes dans le tems des réjouiffances qu'on faifait pour le nouveau Prince de Liége, qu'une cabale de chanoines

nes avait préferé au Prince aimable de Saxe.

Ces fêtes annoncées avec éclat, étaient des illuminations de nos villages de France. La Maison de Ville formait une décoration Chinoise qui avait l'air d'une toillette de coquette. Ce colifichét fut admiré par des gens sans goût & sifflé des connaisseurs. La façade du Palais était ornée d'une foire de figures, qui égalait au moins les beautés des décorations du festin de Pierre, qu'étalent nos méchans Comédiens de Campagne. Il n'y manquait que les effigies de la Rapière & de Ragotin pour achever de donner une idée de la pompe théatrale de ces histrions.

Le chapitre était orné d'une porte triomphale, decorée d'un cordon de burettes & de lavabo, qui faisait un effèt singulier. L'image du nouveau Suffragant de Cologne (*) en découpures réhaussait merveilleusement ce portrait.

Les Notaires, les Procureurs, les Huissiers & les Avocats composant la Cour de l'officialité firent exécuter un feu d'artifice. Le théatre représentait le temple de la justice. Themis était au centre de l'édifice, entourée
de

(*) Le Révérend Evêque de Liège est suffragant de Cologne. On lui donne généreusement dans le païs l'épithète d'Altesse.

de cinquante plats d'étain (*), & ces plats figuraient les Avocats composant la Cour de l'officialité. Une Balustrade garnie d'oïes & de dindons représentait de loin une mue à poulet & rendait ce spectacle singulierement pompeux, le tout était superbement peint au balais par un Rubens du païs.

Une pluïe, qui tomba pendant deux heures déconomisa l'artifice, dont les talens de l'artiste & l'arrangement promettaient un spectacle brillant: l'artificier ne fut point païé, à cause que le Corps honnête des Avocats de Liège prétendait que cet Homme devait avoir des emplâtres contre la pluïe.

Ces petites fêtes ne dissipèrent pas la mélancolie de Lucrèce: Sa maladie augmentant de plus en plus, elle rendit l'ame entre les bras de Xan-Xung. Je retournai tristement en Touraine où Xan-Xung ne voulut point me suivre; j'aime la France, me dit-il, Madame & je l'aimerai toujours, mais je n'irai point m'exposer dans un Roïaume, où le prix des Hommes est sans valeur, & leur liberté sacrifiée au premier caprice d'un Intendant ou d'un Sénateur. J'ai trop à gémir de l'in-

(*) On avait mis exprès des plats. C'était une idée extravagante du peintre M. Gérard, dont la méchante moitié tient des mauvais propos sur les honnêtes gens qu'elle ne conaît point.

l'injuſtice d'un Magiſtrat que les Jéſuites ont indiſpoſé contre moi, mon crime eſt d'avoir offenſé leur Ordre que ſa tendreſſe indigne & aveugle veut conſerver malgré les cris de la Réligion, des Mœurs & du Roïaume.

F I N.

Fautes d'impression à corriger.

Page.	Ligne.	Lisez	au lieu de
46.	2.	plus.	pl s.
54.	6.	cette	celle.
65.	23.	puériles	periles.
68.	28.	courts	jourts.
72.	26.	sans	sous.
77.	27.	Philosophe	Philosophie.
80.	1.	bout	bont.
84.	15.	t'entens	tentens.
85.	19.	La	Le.
104.	12.	pas.	par.
197.	3.	terminer	terminet.
230.	7.	ou	on.
253.	23.	le	ia.
296.	16.	que	qne.
308.	dern.	Umbilicum.	Umbelicum
353.	16.	un	nn.

www.ingramcontent.com/pod-product-compliance
Lightning Source LLC
Chambersburg PA
CBHW060606170426
43201CB00009B/917